Bastian Rütten

# Segenszeiten

**Bibliografische Information der Deutschen Nationalbibliothek**
Die Deutsche Nationalbibliothek verzeichnet diese Publikation in der Deutschen Nationalbibliografie; detaillierte bibliografische Daten sind im Internet über http://dnb.d-nb.de abrufbar.

Das Gesamtprogramm
von Butzon & Bercker
finden Sie im Internet unter
www.bube.de

ISBN 978-3-7666-2597-7


Umschlaggestaltung: Werner Dennesen, Weeze
Layout, Gestaltung und Satz: Kontrapunkt Satzstudio Bautzen
Printed in The Czech Republic

Bastian Rütten

# SEGENSZEITEN

EIN SPIRITUELLES LESEBUCH

Butzon & Bercker

## Durch das Jahr

### FESTE IM KIRCHENJAHR

## Die Feste feiern, wie sie fallen

### FEST- UND GEDENKTAGE



## Schöne Traditionen

### BRÄUCHE IM JAHRESLAUF

## Dein persönlicher Tag

### INDIVIDUELLE FEST- UND GEDENKTAGE



## Stationen des Lebens

### LEBENSEREIGNISSE

## Die Jahresuhr steht nicht still

## DIE VIER JAHRESZEITEN



## Fixpunkte im Alltag

## KLEINE RITUALE

# VORWORT

Ich habe als Kind gerne Schatzsucher gespielt. Ich erinnere mich an diverse Kindergeburtstage, bei denen dieses Spiel der Hit war. Eine der vielen Varianten war folgende: In einem kleinen Planschbecken befanden sich unzählige Sägespäne. Mit verbundenen Augen, nur mit den Händen tastend, durfte man darin auf die Suche gehen. Das Ziel erreicht hatte man, wenn man ein kleines, liebevoll eingepacktes Päckchen gefunden hatte. Das Schöne daran: Man konnte nicht verlieren und ging nie leer aus. Ich wusste, dass sich in solchen Schatz-Päckchen oftmals höchst brauchbare Dinge, wie zum Beispiel Seifenblasenflüssigkeit oder ein schöner Bleistift, befanden. Diese kleinen Dinge haben mein Kinderleben enorm bereichert.

Ganz ähnlich ist es auch in unserem Leben: Wenn wir uns auf die Suche machen, können wir immer wieder einen Segen entdecken oder gar einen Schatz heben. Manchmal müssen wir dazu allerdings unseren Alltagsblick ausschalten und uns vorsichtig vorantasten. Wenn man sich auf diese Schatzsuche mit einer christlichen Grundhaltung und Sichtweise einlässt, dann bekommt das Leben einen Mehrwert. Die Schätze, die es zu heben gilt, sind oft gar nicht spektakulär. Aber in ihnen ist Geist und Tiefe. Man muss das nicht in diese Situationen und Momente „hineinreden". Es ist alles schon da!
Deswegen mag ich die Redewendung „das Zeitliche segnen" – nicht in dem Sinne, dass ich vom Ableben spreche, sondern indem ich sie wortwörtlich nehme. Ich lade Sie daher ein, in diesem Buch auf die Suche nach Ihrem persönlichen Zeitensegen zu gehen. Dieses Buch ist ein Arbeitsbuch. Es möchte nicht belehren, sondern Sie ins

Grübeln bringen. Jedes einzelne Kapitel kann neu und anders sensibel machen für die großen und kleinen Schätze, die in jedem Leben zu finden sind. Auf die Suche nach Segenszeiten zu gehen, bedeutet zuerst: Versuchen Sie, die Fragen lieb zu gewinnen. In die Antworten leben wir alle gemeinsam hinein.

Jedes Kapitel dieses Buchs ist in drei Abschnitte strukturiert:
Ein Impuls aus der alltäglichen Lebens- und Erfahrungswelt lädt dazu ein, sich zu fragen: Wo berührt mich das Thema? Welchen Platz hat es in meinem Leben? Betrifft es mich überhaupt?
In der Kategorie „Zum Weiterdenken“ laden Meditationstexte, Gedichte und Impulse dazu ein, das Thema noch einmal von einer anderen, einer poetischen oder kreativen Seite zu betrachten.
Am Ende steht ein praktischer Impuls für den Alltag. Er bietet eine von vielen Möglichkeiten „zum Weiterleben“ mit den aufgetauchten Fragen und Erkenntnissen.

Eine gute Lektüre und eine spannende Schatzsuche wünscht Ihnen

*Bastian Rütten*

# Die geprägten Zeiten

Es gibt Zeiträume im Jahreslauf, die uns aus dem Alltag befreien. Sie sind besonders geprägt und sie prägen uns. Sie halten in uns Sehnsüchte und Hoffnungen wach. Sie entzünden in uns Wünsche und wecken Erinnerungen. Geprägte Zeiten, wie es Advent und Weihnachten, Fastenzeit und Ostern sind, geben uns Orientierung und fordern uns heraus, die Alltäglichkeiten zu hinterfragen und für eine Weile zu verändern. Plötzlich sind Abende im Advent anders, als sie es sonst sind. Auf einmal ist ein Sonntag nicht mehr nur ein Sonntag, sondern der Ostertag. Was wir in diesen Zeiten erfahren können, gilt als Botschaft für alle Tage unseres Lebens und unser Leben als Ganzes.

# Durch das Jahr

## FESTE IM KIRCHENJAHR

## DER WUNSCH, DASS DAS WÜNSCHEN WIEDER HILFT

# ADVENT

In der Zeit des Advents, wenn die Straßen lichtschwanger werden, da taut – so mag man fast meinen – der grimmigste Zeitgenosse ein wenig auf. Der Lichterschein in den Häusern und Wohnungen, den Fenstern und Straßen, die Düfte von Lebkuchen und Räuchermännchen, die bekannten Lieder und Melodien entführen uns in ein längst verloren geglaubtes Land der Kindertage. Damit wächst auch der Wunsch, dass das Wünschen wieder hilft. Der eine oder die andere erinnert sich an die sehnsüchtig herbeigewünschte Ritterburg, die Schminkpuppe oder die Autorennbahn. Und an das Gefühl, wenn der Wunsch wahr wurde. Wenn das so sehr erhoffte Geschenk unter dem Tannenbaum lag. Viele wünschen sich, vielleicht auch versteckt in anderen Wünschen, das Gefühl einer unbeschwerten und behüteten Weihnacht zurück. Die geliebten Menschen von damals fehlen vielleicht schon Jahre und Jahrzehnte unter dem Baum: Vater, Mutter, Großvater und Großmutter, der Ehepartner.

Wenn die Kindheitsweihnacht erwachsen geworden ist, dann wünscht man sich keine Nebensächlichkeiten mehr. Dann geht's beim Wunschzettel ums Ganze. Aber auch diese Wünsche müssen erst ins Wort gebracht werden. Sie schlummern in unseren Köpfen und in unseren Herzen. Wir tragen sie still mit uns herum, sie treiben uns an und bewegen uns – oft unbemerkt und unterbewusst. Der Advent kann die Zeit sein, sich diesen Wünschen neu zu stellen, sie zu suchen und zu identifizieren. Diese Zeit ist seit jeher die Zeit der Sehnsüchte und Wünsche. Viele alte Hymnen und Lieder bringen diese Sehnsucht zum Ausdruck. In einem dieser Lieder heißt es:

**O komm, du wahres Licht der Welt,**
**das unsre Finsternis erhellt!**
**Geh auf, o Sonn, mit deiner Pracht,**
**vertreib den Nebel und die Nacht!**
**Freu dich, freu dich, o Israel,**
**bald kommt, bald kommt Immanuel!**

Was habe ich mir in meinem Leben nicht manchmal für unsinniges Zeug gewünscht! Vieles davon endete schon bald als Staubfänger. Heute ist mein Weihnachten erwachsen geworden und ich wünsche mir in all dem Alltagsdurcheinander oft Licht in meiner eigenen Finsternis. Da muss es doch irgendetwas geben, was Ordnung und Sinn in mein inneres Durcheinander bringen kann, oder? Da muss es doch ein Licht der Orientierung und der Hoffnung geben, für meine menschlichen Irrwege, Sackgassen und Dunkelheiten, oder?

## Zum Weiterdenken

Was ich mir wünsche:

Ein Handy,
das nur dann ein Netz findet,
wenn ich mich wirklich mit der Welt
verbunden fühle.

Ein Navi,
das mir nur dann ein Ziel anzeigt,
wenn ich den Weg selbst gefunden
habe.

Einen Pulsmesser,
der nur dann meinen Puls misst,
wenn mein Herzschlag vor Mitleid
aussetzt.

Einen Defibrillator,
der nur dann anspringt,
wenn mein Herz vor Begeisterung
Luftsprünge macht.

Einen Schrittzähler,
der nur dann meine Schritte zählt,
wenn sie mich wirklich näher zu dir
führen.

Aber all das brauche ich nicht,
wenn du nur bei mir bist.

*Lucia Traut*

## Zum Weiterleben

Versuchen wir es doch einmal. Der Wunschzettel von Kindern erfüllt ja nicht allein den Zweck, die Wünsche festzuhalten. Oft ist das Erstellen dieses adventlichen Schriftstückes eine Art Denk-Schreib-Aufgabe. Als Kind haben wir vorher oder beim Schreiben genau abgewogen, was darauf soll. Bei mir selber gab es immer einige Versionen, bis der endgültige Wunschzettel fertig war. Es lohnt sich, einen solchen Zettel hin und wieder anzufertigen – nicht nur, aber auch im Advent. Vielleicht helfen hierbei diese Fragen:

### Denk-Schreib-Aufgabe

**Nimm dir Zeit.**
**Ob im Advent oder mitten im Jahr.**
**Suche nach deinen Wünschen.**

**Frage nach dem, was dir fehlt.**
**Frage nach dem, was du brauchst.**
**Frage nach dem, was dir guttut.**
**Frage nach dem, was du an dir vermisst.**
**Frage nach dem, was du an deinen Lieblingsmenschen vermisst.**

**Nimm dir einen Zettel.**
**Weiß und leer.**
**Schreib alles auf.**
**Falte ihn zusammen.**
**Lege ihn in deinen Nachttisch.**

**Nimm ihn ab und zu hervor.**
**Vergleiche die Wünsche mit deinem Jetzt.**
**Verändere ihn hier und da.**

**Lerne das Wünschen und lebe die Veränderung.**

**Wünschen hilft!**

„KRIPPE GUCKEN"

# WEIHNACHTEN

Seit den Kindertagen ist für mich die Weihnachtszeit auch die Zeit der Weihnachtskrippen. In meiner Heimat am Niederrhein gibt es bis heute eine Reihe von Menschen, die sich die Mühe machen, eine große Krippe liebevoll zu gestalten und in einzelnen Bildern vom ersten Advent bis zum Dreikönigstag die Geschichte der Geburt dieses besonderen Menschen Jesus von Nazareth darzustellen. In den Tagen ab dem ersten Weihnachtstag komme ich alljährlich einem vielleicht etwas sonderbaren Hobby nach. Wie schon in meiner Kinderzeit heißt die Beschäftigung bei mir bis heute „Krippe gucken". Ich kann an keiner Kirche vorbeigehen, ohne dass ich einen Blick hineinwerfe und mich auf die Suche nach der Weihnachtskrippe mache. In den meisten Fällen werde ich fündig. Die Szenen sind immer gleich, die Darstellung ist verschieden. Kleine Figuren oder große Figuren, ganze Landschaften von Moos, Sand und Zweigen oder puristische Darstellungen in schlichter Nüchternheit. Immer aber: das Kind in der Krippe.

Der Brauch des Weihnachtskrippen-Aufstellens hat mich seit meinen Kindergartentagen infiziert, und so ist es kein Wunder, dass wir auch zu Hause diesen Brauch pflegen und unsere Krippe immer wieder neu und anders gestalten. Es ist für mich ein „krippaler Infekt", der mich jedes Jahr aufs Neue ansteckt. Vielleicht ist es ein wenig

die Sehnsucht nach den Tagen der Kindheit, die diese Symptome hervorbringt? Ich weiß es nicht! Vielleicht ist es aber auch die Faszination dieser einmaligen Botschaft, die sich seit 2000 Jahren jung hält und jedes Jahr aufs Neue greifbar werden will. Dieses Gefühl und seine Symptome retten mir übrigens die Weihnachtsbotschaft auch in das laufende Jahr hinein und ich ertappe mich hier und da dabei, wie ich im Sommer in den Karton mit den Figuren schaue ... nur, um sicherzugehen, dass noch alles in Ordnung ist und die Ansteckung auch im kommenden Winter wieder reibungslos funktionieren kann.

## Zum Weiterdenken

Ein altes Weihnachtslied, von Johann Sebastian Bach vertont, singt – natürlich in der Sprache einer anderen Zeit – von dieser Krippenerfahrung. Die Betrachtung der einzelnen Strophen lohnt. Vielleicht führt sie dazu, auch unter dem Jahr etwas von der weihnachtlichen Botschaft wachzuhalten. Dieses Lied zeigt mir: Weihnachten ist eine geniale Erfindung. Ein Gott, der sein Programm so offenbart, macht mir Mut für mein Leben. Das alles sagt für mich das Bild von der Krippe aus!

**Ich steh an deiner Krippe hier,**
**o Jesu, du mein Leben.**
**Ich komme, bring und schenke dir,**
**was du mir hast gegeben.**
**Nimm hin, es ist mein Geist und Sinn.**
**Herz, Seel und Mut, nimm alles hin**
**und lass dir's wohl gefallen.**

**Da ich noch nicht geboren war,**
**da bist du mir geboren**
**und hast dich mir zu eigen gar,**
**eh' ich dich kannt, erkoren.**
**Eh ich durch deine Hand gemacht,**
**da hast du schon bei dir bedacht,**
**wie du mein wolltest werden.**

*Paul Gerhardt*

## Zum Weiterleben

Es gibt sicher Möglichkeiten, die Weihnachtsbotschaft in das Alltagsleben hinüberzuretten. Eine Möglichkeit ist, sie mit allen Sinnen zu genießen, wenn die Weihnachtszeit angebrochen ist. Bis zum Dreikönigstag stehen in den meisten Kirchen die Weihnachtskrippen. Viele Kirchen öffnen dann ihre Türen nicht nur zu den Gottesdiensten. Es lohnt sich, auf Krippensuche zu gehen und die unterschiedlichen Darstellungen anzusehen. Die meisten Krippendarstellungen sprechen mich an, stellen mir Fragen, geben mir Hinweise und haben eine Botschaft für meinen Alltag. Hier und da tut es gut, darüber zu sprechen. Auch dafür sind die Voraussetzungen günstig. Nicht selten kann man an einer Krippe mit anderen ins Gespräch kommen … über „Gott und die Welt".

Eine andere Möglichkeit ist etwas verrückter: Was hindert Sie, mal auf den Speicher oder in den Keller zu gehen? Suchen Sie dort nach dem Karton mit den Krippenfiguren; vielleicht gerade dann, wenn Ihnen die Botschaft vom Kind in der Krippe und vom nahen Gott guttut. Und dann: Haben Sie den Mut, eine Figur aufzustellen! Auch (und vielleicht gerade) wenn es draußen Hochsommer ist. Die Weihnachtsbotschaft gilt alle Tage des Jahres!

**Krippenwege**

Viele Städte und Kirchengemeinden bieten mittlerweile sogenannte Krippenwege und entsprechende Führungen an – vielleicht eine schöne Idee für einen Ausflug an einem Sonntag in der Weihnachtszeit. Man kann natürlich auch selber aktiv werden und einen solchen Weg in seiner Umgebung zusammenstellen.
Hier finden Sie z. B. genauere Informationen im Internet:
**www.koelner-krippenweg.de**
**www.nettetaler-krippenweg.de**

# DER WEIHNACHTSENGEL

## PLÄDOYER FÜR EIN WEIHNACHTLICHES „STEHRUMCHEN"

Heinrich Böll erzählt in seiner Novelle aus dem Jahr 1952 „Nicht nur zur Weihnachtszeit" vom silbrig gekleideten, rotwangigen Engel an der Spitze des Tannenbaums seiner Tante Milla, „der in bestimmten Abständen seine Lippen voneinander hob und ‚Frieden' flüsterte".
Als Tante Milla im Krieg beginnt, jeden Abend – ein ganzes Jahr hindurch – Heiligabend zu feiern und der mechanische Engel an der Tannenbaumspitze ohne Unterbrechung sein „Frieden!" flüstern muss, ist seine Mechanik auf Dauer der Anforderung nicht gewachsen. Die Abstände zwischen seinen Rufen verkürzen sich, bis seine Stimme zu guter Letzt kollabiert.
Auch heute stehen sie in voller Pracht – und manchmal sehr kitschig – in unseren Wohnzimmern, Kirchen, Krippen und Schaufenstern: die Weihnachtsengel. Und wir haben das verstörende Bild von Heinrich Böll im Kopf: ein Weihnachtsengel, der seiner Aufgabe überdrüssig wird und unter ihr eingeht. Ein Friedensmahner, der verstummt. Ein „Frohe-Botschaft-Bringer", der seine Funktion nicht mehr erfüllt. Taugt er nur noch für den Müll?
Können wir heute noch etwas mit der Botschaft des Engels anfangen? In unserer Betriebsamkeit, in der Vielfalt unserer Aufgaben mit langen „To-do"-Listen, in der Unübersichtlichkeit der globalen Zusammenhänge, im sogenannten „Verzetteln im Alltag"?
Der Engel ist einer, der von Gottes Plänen spricht. Der Engel hält diese Pläne wach, bringt sie ins Wort. Keine Furcht! Gott geht mit!

Du bist voll Gnade, Mensch! Diese kleinen, vermeintlich unscheinbaren Worte, mit so viel Wirkmacht für uns und unser Leben, kleidet dieser Krippenengel in ein glanzvolles Gewand und wird so zum großen „Erinnerer".
Einen buchstäblich „heruntergekommenen" Engel, der an das Programm Gottes und an das Licht des Glaubens in der Gebrechlichkeit dieser Welt erinnert ... den braucht die Welt, den braucht die Zeit, den brauchen wir! Egal ob kitschig oder nicht.

## Zum Weiterdenken

Wir sind eingeladen, achtsam in den vielen kleinen und unscheinbaren Wörtern die Botschaften von Advent und Weihnachten immer wieder anders und hoffentlich immer wieder neu zu entdecken.
Ich hoffe jedenfalls, dass mein Weihnachtsengel nicht, wie in der Erzählung von Heinrich Böll, das Zeitliche segnet, sondern meine Zeiten segnet und immer schön „heruntergekommen" bleibt. Diese Botschaft und diese Worte will ich feiern!

### Worte zum wiederholten Einüben

**Hoffnung gehört dazu.**
**Danke und Bitte.**
**Frieden nicht zu vergessen.**

**Glück und auch Leid.**
**Treue. Ehrlichkeit.**
**Zärtlichkeit.**
**Das sowieso.**

**Die Worte Mutter und Vater.**
**Die Worte Strand und Meer.**
**Sonnenuntergang.**
**Sonnenaufgang.**
**Sternschnuppe.**

**Und nicht zuletzt:**
**das Wort DU.**

**Täglich einzuüben!**

## Zum Weiterleben

Manchmal treffen mich Worte mitten ins Herz. Ganz unerwartet bin ich dann bis auf mein Innerstes berührt und angerührt. Es sind Worte, die mich erinnern an das, was war. Sie legen längst Verschollenes frei oder beleben längst vergessen Geglaubtes. Ein Wort reicht und eine ganze Geschichte wird wieder greifbar und erlebbar.

Ein Wort genügt und ich werde ein Stück mehr ich, ein Stück mehr Mensch. Das will die Weihnachtsbotschaft in unserem Leben bewirken.

Geh doch mal auf Wortsuche!

Finde deine Lebensworte!
Feiere sie!

„Setz alles auf Anfang!"

# Aschermittwoch

Vielen ist dieses Zeichen fremd geworden. Ich erlebe das besonders, wenn ich am Aschermittwoch das Aschenkreuz auf die Stirn von Kindergarten- und Schulkindern zeichne. Klar: Kinderschminken liegt im Trend. Auf kaum einem Kinderfest darf diese Attraktion fehlen. Aber sich ein Kreuz aus Asche auf die Stirn zeichnen zu lassen, das ist für viele etwas „spooky".

Der mit der Fastenzeit verbundene Aufruf zu Buße und Neuanfang muss nicht nur Kindern in der heutigen Zeit neu vermittelt werden. Vielleicht hat es die Kirche in der Vergangenheit hier und da übertrieben mit der Aufforderung zur Buße? Alte und verstaubte Klischees hängen sicher noch in vielen Köpfen. Klischees, die unsere Kirche so manches Mal bedient hat.

Es mag auch sein, dass man sich in einem aufgeklärten Zeitalter einfach nicht gerne reinreden lässt. Was richtig und was falsch läuft, entscheidet man doch am liebsten selbst.

Andere wollen sich nicht in solch einer Nähe berühren lassen. Auch dazu gibt es sicher gute Gründe.

Trotzdem: Das Zeichen des Aschenkreuzes ist gut und wichtig. Zu Beginn der 40-tägigen Fastenzeit lädt die Kirche dazu ein. Sie erinnert damit an die eigene Vergänglichkeit. Auch dies hört man eigentlich nicht so gern.

Ich zeichne dennoch gerne diese Kreuze auf die Stirn der Menschen und ich lasse mich auch gerne bezeichnen! Warum? Weil ich mir gerne in Erinnerung rufe, aber auch in Erinnerung rufen lasse, dass der Mehr-Wert unseres Lebens ein hohes Gut ist. Und dass man dies sehr schnell aus dem Blick verlieren kann. Daran erinnert mich das kleine Kreuz auf der Stirn. Und an ein Weiteres: Es setzt quasi alles auf Anfang. Bezeichnend!

## Zum Weiterdenken

Seit einiger Zeit gibt es eine App, die ihren Usern eine besondere Erinnerung aufs Handy schickt: die Erinnerung an die eigene Sterblichkeit. Unter dem ironisch-doppeldeutigen Namen „WeCroak“, was auf Englisch sowohl „wir quaken“ als auch „wir krepieren“ bedeutet, versendet diese App Zitate berühmter Denker rund um das Thema Tod. Fünfmal am Tag, zu zufälligen Zeiten, meldet sich die App – genauso wie der Tod täglich unerwartet kommen kann.

Warum man sich so ein Programm installieren sollte? Die Erfinder der App sind überzeugt: Diese App ist keine Unglücks-Unkerei, die ihre User in Depression stürzt. Im Gegenteil: Wer sich täglich daran erinnert, dass uns nur begrenzte Zeit zur Verfügung steht, der wisse diese Zeit mehr zu schätzen – und lebe bewusster und glücklicher. Das alte „Memento Mori" mit moderner Technik. Vielleicht brauchen wir Smartphone-Nutzer das ganz besonders dringend. Einen Anlass, uns nicht ständig von Zeitstress, Äußerlichkeiten und fremden Zwängen bestimmen zu lassen. Einen Anlass, täglich für die Endlichkeit des Lebens achtsam zu sein. Einen Anlass, zu bedenken, wo wir herkommen und wo wir hingehen. Und so das ganze Leben als Geschenk an uns schätzen zu lernen.
Bedenke Mensch …

*Lucia Traut*

Aus einem kleinen Anfang
entspringen alle Dinge.

*Cicero*

## Zum Weiterleben

Notes to myself

- Meinen Schlaf heilig halten (schon allein den anderen zuliebe). Mehr Schlaf heißt: mehr Leben!
- Dankbar sein für Staus, Wartezimmer, Kassenschlangen ... Sie sind unerwartete Zeit-Geschenke.
- Wann immer es geht, Verantwortung übernehmen. Und sie zum rechten Zeitpunkt wieder abgeben.
- Einmal täglich der Natur meine volle Aufmerksamkeit schenken. Wolken, Bäume, Straßenkater sind gut dafür, mich wieder zu erden.

- Für meine Sehnsüchte achtsam sein. Nichts, was mir wirklich wichtig ist, auf die lange Bank schieben.
- Lernen, schöner zu scheitern. Feste fallen und dann feiern, dass ich es versucht habe.
- Krankheit, Sterben und Tod mit Achtung begegnen. Ebenso wie Geburten, Neubeginn und Wachstum.
- Abschied nehmen üben. Mich trennen von dem, was ich nicht wirklich brauche.
- Mit leichtem Gepäck reisen. Ein Teil weniger als nötig einpacken und schauen, was passiert.
- Mich ernst nehmen. Aber nicht wichtig.
- End-lich leben!

*Lucia Traut*

„40 Tage gönnen"

# Fastenzeit

Hört man das Wort Fastenzeit, so sind die Bilder im Kopf auch schon da. Fastenzeit, das bedeutet doch eine Zeit des Verzichtens, des „Wenigers", oder? Diese Vorstellung ist weit verbreitet. Einer mag zum Beispiel auf Schokolade und Süßigkeiten verzichten, die andere verbindet die 40 Tage zwischen Aschermittwoch und Ostern damit, lang angefutterte Kilos loszuwerden. Viele lassen mittlerweile bewusst das Auto stehen und steigen aufs Fahrrad oder nutzen den öffentlichen Verkehr. Ich mache es seit einigen Jahren anders. Meine Devise ist „Mehr als sonst!". In dieser Zeit, in der ich auf das große Fest des Lebens, Ostern, hinlebe, versuche ich mehr zu leben. Ich versuche es intensiver zu tun. Ich lenke einen ehrlichen Blick auf mich, mein Leben, meine Beziehungen, meine Begabungen. Dabei entdecke ich dann die eigentlichen Aufgaben und Herausforderungen für die nächsten Wochen: Besuche, die schon viel zu lange ausstehen. Der längst versprochene Waldspaziergang und das Picknick mit den Kindern. Der überfällige Anruf bei alten Freunden. Mal wieder Zeit für mich freischaufeln und investieren. Die langersehnte Auszeit umsetzen. Ich habe gelernt, das Wort „Verzichten" mehr und mehr zu übersehen und stattdessen das Wort „Gönnen" für mich zu entdecken. Schaut man in die Wörterbücher, erfährt man etwas über seine Bedeutung:

**gọ̈n·nen**
Verb (jmd. gönnt jmdm. etwas):
sich oder jmdm. etwas zukommen lassen

Ich finde, dieser Weg ist genau der richtige für mich und erfüllt den biblischen Auftrag zum Fasten viel besser als etwa der Verzicht auf Schokolade. Beim Propheten Joël (Kapitel 2, Vers 13) heißt es: „Zerreißt eure Herzen, nicht eure Kleider!" Ich gehe also regelmäßig ab dem Aschermittwoch auf die Suche in meinem Herzen und schaue nach: Was will ich mir und anderen in der kommenden Zeit gönnen?

## Zum Weiterdenken

**40 Tage Gönnen.**
**Gönn dich dir.**
**Gönn dich anderen.**
**Gönn dir Zeit und Muße.**
**Gönn dir den Mut, etwas Verrücktes zu tun.**
**Gönn dir mal wieder Mozarts Klavierkonzerte, oder auch Rock 'n' Roll.**
**Gönn dir Schokolade, wenn sie dir guttut.**
**Gönn den Menschen dein frohes Lachen.**
**Gönn lieben Menschen deine Anwesenheit.**
**Gönn weniger lieben Menschen einmal mehr deine Geduld.**
**Gönn dir das Staunen und stecke andere damit an.**
**Gönn dir einen Blick in den Kalender und setze andere Prioritäten.**

**„40 Tage gönnen" sollten wir uns gönnen!**

## Zum Weiterleben

Ein Experiment wäre es doch wert, oder? In vielen Städten gibt es mittlerweile Stellen, die sich um die Förderung des Ehrenamts kümmern. Sie koordinieren das vielfältige Engagement in unzähligen Feldern. Sportverein, Tafel, Flüchtlingshilfe, Kleiderkammer, Hausaufgabenbetreuung, Umweltschutzdienste, Besuchsdienste – die Palette ist breit. Vielleicht wagt man mal einen Gang dorthin? Vielleicht fragt man auch, wo es gerade brennt und wo Hilfe vonnöten ist? Möglicherweise werden wir an Orten und in Aufgaben gebraucht, von denen wir heute noch gar nichts wissen. Es mag sein, dass es uns Überwindung kostet und uns fordert. Es wird uns aber auch einen Horizont eröffnen, den wir bisher nicht kannten. Eine ganz andere Form des „Gönnens". Eine Aufgabe und Herausforderung – nicht nur (aber auch) für die 40 Tage auf Ostern hin.

# OSTERN

## KEIN SCHERZ!

Vor meinem Theologiestudium hatte ich eine Ausbildung zum Kaufmann absolviert. Da wurde ich im ersten Lehrjahr mit meinen 17 Jahren eines Tages kurz auf die andere Straßenseite geschickt. Ein Schreiner hatte dort einen kleinen Laden mit Eisenwaren. Es gab dort alle Schrauben, Dübel und Haken, die man sich nur vorstellen kann. Und dann, mein Auftrag: „Der Chef schickt mich! Eine Kupfer-Doppelankerflügelschraube mit linksdrehendem Gewinde bitte. Sie sollen es anschreiben!" Der ältere Herr hinter der Theke blinzelte verständnisvoll über seinen Brillenrand. Er habe einige Rückfragen, die ich erst klären solle. Auf einem Zettel notierte er Stichworte wie Härtegrad des Metalls, Frostsicherheit, Außen- oder Innenverwendung. Mit diesem Zettelchen ging ich nun wieder rüber zum Chef, der seinerseits weitere Gegenfragen notierte. Daraus resultierte eine fast vormittagsfüllende Hin- und Herrennerei, die mich nahezu um den Verstand brachte. Am Ende zweifelte ich an mir selber und wusste nicht, wie mir geschah und welches Spiel hier gespielt wurde. Kurz vor der Mittagspause kam dann die Erlösung mit dem Hinweis auf den Kalender: Auweia! Man hatte mich ganz schön in den April geschickt.

**Am ersten Tag der Woche gingen die Frauen mit den wohlriechenden Salben, die sie zubereitet hatten, in aller Frühe zum Grab. Da sahen sie, dass der Stein vom Grab weggewälzt war. Sie gingen hinein, aber den Leichnam Jesu, des Herrn, fanden sie nicht. Während sie ratlos dastanden, traten zwei Männer in leuchtenden Gewändern zu ihnen. Die Frauen erschraken und blickten zu Boden. Die Männer aber sagten zu ihnen: Was sucht ihr den Lebenden bei den Toten? Er ist nicht hier, sondern er ist auferstanden.**

*Lukas 24,1–6*

Was für ein schlechter Scherz, werden die Frauen am Jesu Grab vielleicht gedacht haben. Ganz schön pietätlos, makaber und völlig unangebracht. Wussten diese Männer denn nicht, welches Drama sich hinter diesem Tod verbarg? Der Stein war weg, der Leichnam auch und dann diese unsinnige Bemerkung: Er ist auferstanden. Ein schlechter Scherz!
Aber so verrückt es klingt: Manchmal – und vielleicht kennen Sie solche Momente – passieren eben unglaubliche Dinge im Leben, die dann ganz positiv alles auf den Kopf stellen. Das glauben Christen und das feiern sie an Ostern. Kein Scherz! Echt nicht!

Also in diesem Sinne: Nicht „April, April!" – sondern: Frohe Ostern!

## Zum Weiterdenken

**Ich glaubte zu spinnen, als dieses oder jenes geschah.**
**Ich hatte es nicht für möglich gehalten, dass ...**
**Ich traute meinen Augen kaum, als ...**
**Ich dachte, ich hätte mich verhört, als ...**

**Ostern ist ...**
**... das Geschehen des nie Geschehenen.**
**... das Möglichmachen des für unmöglich Gehaltenen.**
**... das Sehen des Nichterkennbaren.**
**... das Hören des Unerhörten.**

## Zum Weiterleben

Erzählen Sie doch jemandem mal eine Geschichte, die Sie umgehauen hat. Erinnern Sie sich an Momente, in denen Sie zu träumen glaubten. Schwärmen Sie von den Lichtblickerfahrungen, in denen Sie sich überraschen lassen konnten. Das macht kreativ und lebendig und ...

... das wäre österlich!

## ÖSTERLICHES FAHRGEFÜHL

# CHRISTI HIMMELFAHRT

Beim Blick in das Handschuhfach meines Autos reagiere ich um Christi Himmelfahrt herum regelmäßig extrem genervt. Die Autowerkstatt meines Vertrauens hat dort – als liebevolle Erinnerung, versteht sich – einen Aufkleber angebracht. Zu lesen ist darauf: „Von O bis O – von Oktober bis Ostern! Reifen schon gewechselt?“ Nein! Auch in diesem Jahr habe ich es bisher verschludert, meine Winterreifen gegen Sommerreifen zu wechseln. In manch einem Jahr habe ich den Antrieb dazu erst im Frühsommer gefunden. Im Winter, da hat man Druck. Würde winterliches Wetter einsetzen, dann hätte man ein Problem. Bei Sommerreifen ist das nicht so gravierend. Ich lasse es also gerne mal schleifen. Wenn ich es aber endlich in die Werkstatt geschafft habe, folgt stets dasselbe Ritual: Fährt mein Auto auf der Hebebühne runter, höre ich regelmäßig den gleichen Spruch: „So! Jetzt fährt man gleich ganz anders durch die Welt!“
Die Osterzeit dauert im christlichen Feierkalender länger, als man annimmt: 50 Tage, bis zum Pfingstfest. Und im Grunde gilt für österliche Menschen derselbe Spruch meines Automechanikers: „Fährt sich gleich anders durch die Welt.“ Ostern, also der Glaube, dass

der Tod ein für alle Mal besiegt ist, sollte uns ein neues Fahrgefühl durchs Leben geben. Christen haben 50 Tage Zeit, sich jedes Jahr neu in dieses österliche Feeling einzugewöhnen. Im Alltagstrott wird das allzu oft vergessen. Mir geht es häufig so, dass diese wunderbare Auferstehungsbotschaft ganz still und heimlich in den Hintergrund gedrängt wird. Und plötzlich schleppe ich mich durch die Tage und Wochen und wundere mich, warum ich so kaputt und energielos bin.

Gut, dass die Evangelien der Osterzeit dann Geschichten erzählen, die verändern. Geschichten, in denen Menschen neue Perspektiven eröffnet werden. Der verstorbene Aachener Bischof Klaus Hemmerle schrieb einmal, er wünsche uns Osteraugen. Was das bedeuten kann, muss sich im eigenen Leben und in den je eigenen Sehgewohnheiten zeigen.

**weiter sehen**
**über die eigene Verletzung hinaus**
**über das eigene Leid hinaus**
**über die engen Grenzen hinaus**
**über Trennungen hinweg**

**sehen**
**auf Gott hin**
**zum Menschen hin**
**zur Welt hin**
**zum Himmel hin**

Wenn das gelingt, geht man wirklich anders durch die Welt. Hier schließt sich der Kreis zum schlauen Spruch meines Kfz-Meisters. Vielleicht brauche ich so einen Erinnerungsaufkleber auch manchmal in meinem Leben ... selbst wenn er nervt.

## Zum Weiterdenken

**Osteraugen sehen anders.**
**Osteraugen sehen weiter.**
**Osteraugen sehen tiefer.**

**Osteraugen sehen Chancen.**
**Osteraugen sehen Möglichkeiten.**
**Osteraugen sehen Perspektiven.**

**Osteraugen sehen weites Land.**
**Osteraugen sehen eine blühende Zukunft.**
**Osteraugen sehen Auswege.**

**Osteraugen sehen …**

**Leben!**

## Zum Weiterleben

Österliches Leben können wir alljährlich 50 Tage lang einüben. Gerade wenn mit Pfingsten der Osterfestkreis beendet ist, bleibt diese Lektion eine Herausforderung. Immer wieder im alltäglichen Trott werden wir an Punkte kommen, an denen wir unser Lebensgefühl hinterfragen und bereit sein sollten, unsere Lebensgestaltung zu verändern. Wer mit Osteraugen schaut und mit österlicher Haltung durchs Leben geht, der blickt anders auf die Dinge, meistert Herausforderungen mit einer anderen Haltung. Wir brauchen dazu immer wieder Erinnerungen und Anstöße. Wie wäre es? Fertigen Sie sich doch einige solcher Alltagsunterbrecher an. Ein Zettel mit der Aufschrift „Ostermensch“ in der Geldbörse, ein Schriftzug „Lebensgefühl“ auf dem Kunststoff-Zahnputzbecher – es gibt viele Möglichkeiten, sich im Alltagstrott unterbrechen zu lassen. Es ist nur wie so oft: Man muss dazu bereit sein.

DIE GROSSE SPRACHVERWIRRUNG

# PFINGSTEN

Kennen Sie das auch? Man spricht mit jemandem und hat den Eindruck, dass überhaupt nichts beim Gegenüber ankommt. Am Ende hat man das Gefühl, man rede sich um Kopf und Kragen, und man weiß selbst nicht mehr, wie man aus dieser Kommunikation aussteigen soll.

Szenenwechsel.

Da gibt es diese Situationen, in denen man selber auf dem Schlauch steht. Während jemand mit einem spricht, rattert es im eigenen Kopf. Bei aller Anstrengung kann man dem Gegenüber nicht folgen. Verwirrung setzt ein.

Szenenwechsel.

Obwohl man sich eine gefühlte Ewigkeit kennt, versteht man plötzlich einen vertrauten Menschen nicht mehr. Ansichten, Aussagen, Argumentationen sind einem fremd und unverständlich geworden.

**Als der Pfingsttag gekommen war, waren alle zusammen am selben Ort. Da kam plötzlich vom Himmel her ein Brausen, wie wenn ein heftiger Sturm daherfährt, und erfüllte das ganze Haus,**

**in dem sie saßen. Und es erschienen ihnen Zungen wie von Feuer, die sich verteilten; auf jeden von ihnen ließ sich eine nieder. Und alle wurden mit dem Heiligen Geist erfüllt und begannen, in anderen Sprachen zu reden, wie es der Geist ihnen eingab.**

**In Jerusalem aber wohnten Juden, fromme Männer aus allen Völkern unter dem Himmel. Als sich das Getöse erhob, strömte die Menge zusammen und war ganz bestürzt; denn jeder hörte sie in seiner Sprache reden. Sie waren fassungslos vor Staunen.**

*Apostelgeschichte 2,1–7a*

Die Erzählung vom Pfingstereignis scheint uns bekannt zu sein – zumindest der erste Teil. In unseren Tagen ist die Verwirrung groß. Wir sind einem Kommunikationschaos ausgeliefert, ob wir wollen oder nicht. In der großen und globalen Politik, aber auch in unseren zwischenmenschlichen Kontexten wird viel geredet. Es wird tagtäglich gerungen um gemeinsame Positionen und um ein gegenseitiges Verstehen. Hand aufs Herz: Jeder will sich verstanden wissen und verständigen können. Und doch prallen oft Wunsch und Wirklichkeit aufeinander. Was wäre denn eigentlich wünschenswert? Eine Welt, in der alle mit einer Stimme sprechen, ist wohl Utopie. Aber: Eine Atmosphäre, in der sich alle an einem Ort, alle in einem Boot wissen, wäre aller Mühen wert. Uns verbinden das Menschsein und der gemeinsame Weg. Da muss es doch möglich sein, sich im gegenseitigen Verstehen zu üben. Das wäre geist-reich.

## Zum Weiterdenken

### Wortfindungsstörung

Nach den passenden Worten suchen.
Das passende Wort suchen.
In den Tiefen des eigenen Wortschatzes.

Das Wort, das es vermag, zu sagen,
was ich wirklich für dich fühle,
was ich wirklich von dir denke,
wie ich wirklich zu dir sein will,
was ich ohne dich wäre,
dass ich niemals, niemals ohne dich könnte.

Die Worte suchen, das ist uns aufgetragen.

## Zum Weiterleben

Eine kleine Gedankenübung – (nicht nur) zu Pfingsten:

Wen will ich neu verstehen lernen?

Wem will ich mich neu verständlich machen?

Mit wem will ich über mein Unverständnis sprechen?

Was will ich neu ins Wort bringen?

# Einladung zur Erinnerung

Man muss die Feste, so sagt man ja, feiern, wie sie fallen. Dazu gehören auch die bekannten und weniger bekannten Gedenktage. Mal ranken sich um sie vielerlei Bräuche und lieb gewonnene Traditionen. Andere sind mittlerweile fast gänzlich unbekannt. Es gibt solche Tage, die noch nicht einmal in den gängigen Kalendern vermerkt sind. Gehen wir doch mal auf die Suche. Dieses Buch stellt einige dieser Tage in den Mittelpunkt. Unzählige weitere Tage gibt es, an denen wir eingeladen sind, zu erinnern. Wie schön, dass auf diese Weise Lebenszeugnisse und Gedanken nicht verloren gehen. Sie können uns Seh- und Lebenshilfe für unseren Weg werden.

Die Feste feiern, wie sie fallen.

# FEST- UND GEDENKTAGE

LICHTVERBREITER

# SANKT MARTIN

Wenn es herbstlich wird und die Blätter anfangen, sich bunt zu färben, setzt in den Kindergärten, Schulen und in manchen Familien eine gewisse Bastelbetriebsamkeit ein. Der Martinstag am 11. November naht. In vielen Orten gibt es dazu die Tradition der Martinsumzüge. Wesentlich dabei: natürlich die Laterne. Sie zu basteln, ist jedes Jahrs aufs Neue die Aufgabe der Kinder. Dann kommt der Martinstag und die bunte Vielfalt der Laternen zieht hinter dem heiligen Martin auf dem Pferd her. Mit diesem Brauch bin ich groß geworden und ich gebe zu: Ich mag ihn sehr. Heute wird mancherorts diskutiert, ob das Martinsfest nicht besser „Lichterfest" heißen sollte. Ich bin nicht der Meinung. Die Botschaft des einstigen römischen Soldaten und späteren Bischofs Martin ist es wert,

weitergetragen zu werden. Durch seine tätige Nächstenliebe hat er sein Lebensumfeld erleuchtet und ist Licht geworden für andere. Ich finde aber auch: Jeder, der zu einem Lichtträger in der Welt werden will (auch, wenn er nicht an Jesus Christus glaubt), tut unserer Welt gut. Deswegen sehe ich es ganz entspannt und schicke die Botschaft in die Welt: Lasst uns doch die Welt heller machen und dabei von Vorbildern wie Martin reden. Dunkelheit gibt es doch zur Genüge – Licht wäre aber auch genug da!

**Einer musste ja anfangen. Also tat er es!**
**Er engagierte sich und besuchte die Kranken.**
**Einige von ihnen sagten später: „Ein Lichtblick war er!“**

**Eine musste ja den ersten Schritt tun. Also tat sie es!**
**Sie reichte die Hand zur Versöhnung und vermittelte zwischen den Streithähnen.**
**Viele waren dann überzeugt: „Ein Lichtmoment war das!“**

**Irgendwer müsste doch**
**Man sollte doch …**

**Haben Sie vielleicht kurz Feuer?**

## Zum Weiterleben

Die Laterne mit ihrem farbigen Leuchten ist ein tolles Symbol. Sie macht nicht nur die Dunkelheit hell, sondern tut dies in einer ausgesprochenen Schönheit. Die Farben, die Formen, die Muster. Licht ist nicht nur nützlich, Licht ist schön! Suchen Sie sich doch im Vorfeld dieser dunklen Jahreszeit „Licht-Verbündete“. Stöbern Sie in Bastelbüchern und laden Sie zum Laternenbasteln ein. Das wäre was – auch an Sommertagen!

Auf der Homepage **www.martin-von-tours.de** findet man Informationen zum heiligen Martin, Geschichten und Legenden, Bastelideen und Rezepte.

Wer sich nach Licht sehnt,
ist nicht lichtlos, denn die Sehnsucht
ist schon Licht.

*Bettina von Arnim*

DIE KLEINEN DINGE IM ALLTAG

# ELISABETH VON THÜRINGEN

Wer ist nicht zeit seines Lebens auf der Suche nach dem, was glücklich macht? Was dabei eine Rolle spielt? Die Frage, wie ich mein Leben gestalten will, welche Ziele und Pläne ich habe.

Die Frage nach dem Glücklichsein passt wunderbar zu der Heiligen, die alljährlich am 19. November in der katholischen Kirche gefeiert wird: Elisabeth von Thüringen.

Als Adelige wurde sie früh mit Prunk, Reichtum und Überfluss konfrontiert. Eine tolle Jugend, sollte man denken – so als Prinzesschen. Aber Elisabeth wollte mehr. Früh wagte sie den Blick auf die Dinge jenseits der Glamourwelt ihrer Burg. Dort sah sie vielfache Not: Krankheit, Armut, Hunger. Bald wurde ihr klar: Dieses Burgleben hatte für sie nichts mit Glück zu tun. Der Reichtum war für sie keine Sicherheit, er war Last und Fessel. Hinzu kam ein persönlicher Schicksalsschlag: Ihr geliebter Ehemann Ludwig starb früh. Die wichtigsten Fragen in ihrem Leben wurden immer lauter: Was macht dich glücklich? Was gibt deinem Leben Sinn?

Elisabeth begann, Nächstenliebe ganz konkret zu leben. Sie trug einfache Kleider, ging ohne Schmuck aus dem Haus, fastete, sie versorgte die Armen und Kranken, pflegte Aussätzige und nahm Waisenkinder auf. Für die damalige Zeit wurde sie so zu einer revolutionären Gestalt. Konflikte ließen natürlich nicht lange auf sich warten.

Elisabeth hat das ertragen. Warum? Weil sie in diesen kleinen und alltäglichen Diensten und der Begegnung mit den einfachen Leuten das Glück und die Erfüllung für sich fand.
Ich glaube es fest: Wer sich im eigenen Leben auf die Glückssuche begibt, wird schnell landen bei dem, was Elisabeth von Thüringen schon gesagt hat: „Man muss die Menschen froh machen!" Dazu braucht es erst einmal keinen Reichtum, noch nicht einmal eine besondere Begabung. Es passiert in den kleinen Dingen. Und die können heute schon geschehen.

## Zum Weiterdenken

Glücklich sein, dafür müsste es ein Rezept geben. Im Alltagstrubel gelingt es mir viel zu selten. „Glück" ist allerdings ein großes Wort. Wer sich dieses Wort und Gefühl als oberste Maxime setzt, geht nicht selten daran zugrunde. Ein Leben lang dem Glück hinterherzujagen, kann auch zur Folge haben, genau dieses Glück zu übersehen. Nicht das ganz große Glück. Aber eben das Glück in den kleinen Dingen des Alltags. Die Dichterin Mascha Kaléko nimmt dafür ein Wort in den Mund, das ich passender finde. Es ist ein „Einsteigerwort", das Schwellenängste nimmt. Es ist das Wort „vergnügt". Vielleicht fängt man damit an, sich in dieses Vergnügtsein einzuüben. Es braucht manchmal keinen besonderen Anlass dafür.

## Sozusagen grundlos vergnügt

Ich freu mich, daß am Himmel Wolken ziehen
Und daß es regnet, hagelt, friert und schneit.
Ich freu mich auch zur grünen Jahreszeit,
Wenn Heckenrosen und Holunder blühen.
– Daß Amseln flöten und daß Immen summen,
Daß Mücken stechen und daß Brummer brummen.
Daß rote Luftballons ins Blaue steigen.
Daß Spatzen schwatzen. Und daß Fische schweigen.

Ich freu mich, daß der Mond am Himmel steht
Und daß die Sonne täglich neu aufgeht.
Daß Herbst dem Sommer folgt und Lenz dem Winter,
Gefällt mir wohl. Da steckt ein Sinn dahinter,
Wenn auch die Neunmalklugen ihn nicht sehn.
Man kann nicht alles mit dem Kopf verstehn!
Ich freue mich. Das ist des Lebens Sinn.
Ich freue mich vor allem, daß ich bin.

In mir ist alles aufgeräumt und heiter:
Die Diele blitzt. Das Feuer ist geschürt.
An solchem Tag erklettert man die Leiter,
Die von der Erde in den Himmel führt.
Da kann der Mensch, wie es ihm vorgeschrieben,
– Weil er sich selber liebt – den Nächsten lieben.
Ich freue mich, daß ich mich an das Schöne
Und an das Wunder niemals ganz gewöhne.
Daß alles so erstaunlich bleibt, und neu!
Ich freu mich, daß ich ... Daß ich mich freu.

*Mascha Kaléko*

# Zum Weiterleben

Sei doch mal wieder vergnügungssüchtig.
Schau, was dich froh macht, erheitert.

Was dich glücklich macht,
das wird am Ende auch andere glücklich werden lassen.

Dein persönliches Glück gehört gesucht,
dein persönliches Glück gehört gefunden,
dein persönliches Glück gehört gelebt.
Dann wird aus dir ein Mensch wie Elisabeth.
Dann wirst du die Menschen glücklich machen, weil du es bist!

Merk dir das ...
... und schreib es dir notfalls auf!

MEHR ALS NUR EIN STIEFEL

# NIKOLAUSTAG

Wenn die dunkle Jahreszeit da ist und der Advent begonnen hat, packt mich diese Rückbesinnung jedes Jahr aufs Neue. Der Geruch von Zimt und Räucherkegeln, Apfelsinen und Gebäck entführt mich in die Tage meiner Kindheit. Viele Erinnerungen werden wach an das „Damals" und den Advent vergangener Tage. Menschen kommen mir in den Sinn, die mein Leben ausmachen und wertvoll sein lassen – oft über ihr eigenes Erdenleben hinaus. Und dann sehne ich mich danach, diese Tage noch einmal so unbeschwert und voller ehrlicher Freude erleben zu dürfen. Ich möchte am Vorabend des 6. Dezember meine schönsten Schuhe suchen. Ich will sie sorgfältig putzen und mir einen Ort suchen, an dem sie gut und sichtbar aufgestellt sind. Ich möchte eine solche Nacht erleben, voll von Aufregung und Erwartung. Und dann: morgens aufwachen. Vorsichtig den Weg zur Tür gehen und es sehen: Er war da! Nüsse, Schokolade, ein kleines Buch oder warme Socken liegen in den blank gewienerten Schuhen. Und dann muss ich mich jedes Jahr zusammenreißen, dass mich am Nikolausabend nicht die Melancholie überwältigt.

Die Botschaft lebt – im Alltag!
Der Stiefel steht – im Alltäglichen!
Sankt Nikolaus wirkt – nicht nur (aber auch) im Advent!

Du musst das Staunen lernen.
Du musst das Wundern lernen.
Du musst die Sehnsucht üben.

Du solltest beginnen:
Putz die Stiefel. Beginne heute!
Du hast keine?
Es ist dein Alltag, den du herausputzen kannst.

Und plötzlich wird er gefüllt mit Geschenken.
Dein Leben öffnet sich für das Wunder.

## Zum Weiterleben

Natürlich ist man gern der Überraschte. Man ist auch gern der Beschenkte. Es braucht im eigenen Leben diese Momente, in denen man unverhofft und ohne eigenes Zutun der Empfangende ist. Am schönsten ist es, wenn der Gebende durch sein Tun signalisiert, dass er keine Gegenleistung erwartet. Das ist die Botschaft des Nikolaus. Wir feiern sie jedes Jahr im Advent. Was es braucht, ist ein „Nikolaus-Gen" in uns. In unserem Alltag wird es sich bemerkbar machen müssen; nicht nur im Dezember. Vor allem aber: Wenn wir doch wissen, dass sich Empfangen gut anfühlt, so ist es umso mehr auch unsere Aufgabe, hier und da zu geben und zu überraschen.
Nur so überlebt die Botschaft auch in das restliche Jahr hinein.
Also: Warum nicht flippig sein? Mitten im Jahr könnte man lieben Menschen etwas in den Stiefel legen, den Stiefel des Alltags.
So werden Alltagswege zu Glückswegen.

Auf der Homepage **www.nikolaus-von-myra.de** findet man viele Informationen zum heiligen Bischof Nikolaus, Legenden, Bräuche, Rezepte und Literaturhinweise.

SEELENBALSAM FÜR KÖNIGSKINDER

# CHRISTKÖNIGSFEST

„Du müsstest auch mal wieder zum Friseur!" Das ist so ein Satz, den meine Frau meistens am Sonntag für mich hat – wenn Zeit ist, auf die wirklich wichtigen Dinge zu achten. Und weil sie nicht unrecht hat und ich mir eine gewisse Haarlänge nicht mehr leisten kann, sitze ich dann oft innerhalb der nächsten Werktage auf dem Frisierstuhl im Salon meines Vertrauens. Wobei: „Salon" trifft es in diesem Fall nicht so recht. Kapper Kurt, mein Dorffriseur am Niederrhein, kann nicht mithalten mit den neuen „Hair Factorys" und „Cut Stations", die in Köln und Co. eröffnet werden. Sein Salon ist eher ... tja ... vielleicht eine Art Wohnzimmer. Die massive Holzverkleidung, die klobigen alten Frisierstühle, die Tageszeitung und zwei bis drei Lesezirkel-Magazine. Hinterrücks ein Wandgemälde eines niederrheinischen Sees in großem Ausmaß, einige Plakate der dörflichen Aktivitäten. Übrigens: Nebenbei kann man bei Kapper Kurt auch Angelscheine für die nahen Angelseen erwerben. Und beim Haareschneiden geht es hier zu wie beim Fischfang: Vieles geht ohne Worte. Man reiht sich in die Stuhlreihe ein und wartet, bis man dran ist. Man hat alle Möglichkeiten: Lesen, Zuhören, Abschalten. Meine Königszeit.

Warum ich das erzähle? Das Christkönigsfest ist in der katholischen Kirche ein sogenanntes Hochfest. Es markiert zugleich den letzten Sonntag des Kirchenjahres. Ein Königsfest? Die Bilder von angestaubten Monarchen erscheinen uns heute nicht mehr zeitgemäß. Sie sind allenfalls noch etwas für die Klatschzeitschriften. Dabei ist die Königswürde, die wir Jesus zusprechen, auch etwas, das uns Menschen betrifft. Jede und jeder von uns ist ein Königskind, ein genialer Gedanke, ein großartiges Meisterwerk. Wir vergessen es allzu oft und wir geben einander viel zu selten das Gefühl und die Zusage: Jeder von uns ist ein König!

## Zum Weiterdenken

### Königl-ich-e Übung

**In all den Niederlagen.**
**In all den Traurigkeiten.**
**In all der Hoffnungslosigkeit und Angst.**
**In all dem Zweifeln.**
**In allem Müdesein.**
**In allem Suchen und Tasten.**

**Die eigene Würde nicht vergessen.**
**Die Krone suchen.**
**Die Krone aufsetzen.**
**Den Gang aufrichten.**
**Das Haupt erheben.**

**Dann:**
**Der Blick in den Spiegel.**
**Sich ansehen.**
**Und erkennen:**
**KÖNIGL-ICH.**

**Zum Abschluss:**
**Einen Stift holen.**
**Ein Blatt Papier herauskramen.**
**Eine Notiz erstellen:**

**„MERKE:**
**DU BIST EIN KÖNIGSKIND!“**

**Dieses kleine Stück Papier.**
**Als Merksatz.**
**Für Tage, die wenig königlich sind!**

## Zum Weiterleben

Es wird sie auch weiterhin geben: Tage, an denen einem alles andere als königlich zumute ist. Da drücken uns Sorgen und Nöte. Da ereilen uns die sogenannten „Bad News". Und dann ist da noch die Sorge um die politische Großwetterlage. Auf vieles davon haben wir kaum einen Einfluss. Es gibt diese Dinge, die einfach über uns hereinbrechen. Ehe man sich versieht, steht man mitten im sprichwörtlichen Schlamassel. Wenn die Last in unserem Alltag zu schwer wird, dann lähmt sie. Sie lässt unseren Gang langsamer werden und beugt uns. Die Botschaft vom Christkönig kann uns vielleicht aus dieser Sackgasse herausholen. Im Leben dieses Menschen Jesus lief es eigentlich – Hand aufs Herz – alles andere als königlich. Aus seiner Mission geht er mehr als verwundet heraus. Man hat ihn, seine Visionen und Ideen auf das Kreuz gelegt. Stillgelegt. Lahmgelegt. Umgebracht. Dieses Bild des gescheiterten Jesus am Kreuz tragen wir vor uns her, zeichnen es uns auf die Stirn, segnen uns damit. Die Botschaft ist so verrückt wie klar: König sein kann man auch mit Narben, Verwundungen und in allen Niederlagen und Enttäuschungen.

Der Bonner Diakon und Holzbildhauer Ralf Knoblauch stellt seit Jahren in seinem Atelier hölzerne Königsskulpturen her. Diese Skulpturen haben eine Besonderheit: Sie haben Risse, Schrunden, Unebenheiten und Verletzungen; einigen von ihnen fehlt sogar die Krone. Sympathisch und ehrlich werden wir so an die Realitäten unserer Menschlichkeit erinnert. Ralf Knoblauchs Könige machen jeden Einzelnen von uns zu einem König. Sie erinnern uns daran, so zu sein, wie wir eigentlich von Gott her immer gewollt waren: ein Königskind.

Hier findet man mehr Informationen über die Skulpturen von Ralf Knoblauch: **http://ralfknoblauch.de**

SICH GUT VERSTANDEN FÜHLEN

# MARIENFESTE

Fühlen Sie sich gut verstanden? Hand aufs Herz: Wenig ist schlimmer, als sich unverstanden zu fühlen. Jeder und jede kennt solche Momente und die Gefühle, die damit einhergehen, nur allzu gut. Meist versteht uns derjenige am besten, der die Situation aus eigener Erfahrung kennt, sie schon einmal erlebt hat, und der uns besonders vertraut ist. Aber selbst mit den uns am nächsten stehenden Menschen kommt es immer wieder zu Missverständnissen und Unstimmigkeiten.

Im Jahreslauf feiern wir mehrere Feste und Gedenktage, an denen wir uns an Maria erinnern. Die katholische Kirche verehrt die Mutter Jesu in besonderer Weise und hat sie oft auf hohe Altäre gehoben. Bei all dem Blattgold und der Lieblichkeit vergisst man zuweilen die Erdung dieser besonderen Frau. Sie ist ein „Normalo", wie man umgangssprachlich sagen könnte. Eine junge Frau aus dem Bergland von Judäa lässt ihr Leben von Gott umkrempeln. Ihr „Ja" hat Folgen. Ein Leben mit Niederlagen und Zweifeln, aber auch mit Glücksmomenten. An verschiedenen Tagen im Jahr feiern wir das Lebensbeispiel dieses besonderen Menschen Maria. Ihre Geschichte riecht mehr nach Erde als nach Himmel. Maria ist ein hochmoderner Mensch. Eine Entdeckungsreise in ihr Leben endet nicht selten in unserem eigenen Leben. Wer in diesem Leben auf die Suche geht, der versteht zuletzt sicher mehr: Es ist schön, wenn wir uns „gut verstanden" fühlen.

## Zum Weiterdenken

Viele Theologen, Philosophen, Autoren und Dichter haben über Maria geschrieben. Sie zeichnen unterschiedlichste Bilder einer Frau, die so zärtlich wie radikal sein konnte. Lassen wir uns inspirieren.

**Tochter des Joachims und der Anna!**
**So voll von Anfang und Zauber!**
**So voll von Gottes Plänen und Ideen!**
**Maria!**
**Lebendiger Beweis für einen Gott so voll von Leben!**

**Maria! Ihr Lebenslicht leuchtet auf!**
**Denken wir also über die Anfänge nach.**
**Und über alles, was aus ihnen wurde!**

## Zum Weiterleben

Zugegeben: Jeden Tag einen Abschnitt in der Bibel zu lesen, fällt mir schwer. Sie reizen mich zwar, die Geschichten Gottes mit den Menschen. Im Alltag jedoch fehlen mir oft Zeit und Muße, aber auch die Motivation zum „Dranbleiben".

Aber wie wäre es damit, das Mosaik eines Menschen wie Maria nach und nach zusammenzusetzen? Einen Versuch ist es wert. Vielleicht entsteht allmählich ein ganz anderes Bild der Gottesmutter vor unseren Augen. Überraschung, Verwunderung, Verletzung, Empörung, Vertrauen, Wunderliches, Trauriges, Frohes … Es ist wie in unserem Leben: Wir müssen es erleben, sonst verstehen wir es nicht.

**Maria in der Bibel**

Matthäus 1,18–25
Lukas 1,26–38
Lukas 1,39–56
Lukas 2,25–35
Lukas 2,41–52
Markus 3,31–35
Johannes 2,1–12
Johannes 19, 25–27
Apostelgeschichte 1,13–14

Ich sehe dich in tausend Bildern,
Maria, lieblich ausgedrückt,
doch keins von allen kann dich schildern,
wie meine Seele dich erblickt.

*Novalis*

„Ich denk, es war ein gutes Jahr!"

# Silvester

Ich bin kein Freund vom Silvesterabend. Ich kenne mehr Feiern, die in die Hose gingen, als solche, die gelungen waren. Vielleicht liegt es daran, dass in mir der Zwang, bis Mitternacht auszuhalten, einen beklemmenden Druck auslöst. Oder es ist der Glaube, an diesem letzten Abend im Jahr müsse alles toll sein? Warum eigentlich? Das zu verabschiedende Jahr war es doch auch nicht immer! Ich habe mir seit einigen Jahren den Druck selber genommen. Ich plane diesen Abend nicht und versuche ihn so spontan und frei zu gestalten wie viele andere Abende im Jahr. Wenn mir nach Freunden ist, nehme ich Einladungen an; manchmal gehen diese Treffen aber auch nur bis 23 Uhr. Warum auch nicht? Auch zu Hause halte ich mal aus bis zur magischen Zeitgrenze, ein anderes Mal schlafe ich vor dem schlechten TV-Programm ein oder ich beschließe, schon um 22 Uhr ins Bett zu gehen. Ich verbiete mir die Melancholie wegen des Vergangenen und die Schwarzsicht auf das Zukünftige ebenfalls. So kommt in mir

Lust auf, das Neue zu wagen und neu durchzustarten. Klar: Vieles hätte im vergangenen Jahr besser sein können. Und auch im neuen Jahr wird nicht alles glattgehen. Trotzdem habe ich mich am Silvesterabend bisher immer recht erfolgreich in Zufriedenheit geübt und hatte genug Energie, einen weiteren Holzscheit auf das Lebensfeuer meiner Zukunft nachzulegen. Dafür bin ich dankbar! Nicht nur, aber auch am Silvesterabend.

**In dieser Nacht schaue ich hinaus in den Nebel.**
**Mein Blick geht weit über das Land hinweg.**

**Er sieht das Gestern und Vorgestern,**
**das Geschehen vergangener Zeit.**

**Mein Blick sieht Menschen und Momente,**
**Geschehenes und Unterbliebenes,**
**Versäumtes und Vertanes.**

**Er sieht die Fehltritte und Glücksmomente,**
**die Erfolge und Niederlagen.**

**Ich nehme gedanklich Stift und Lineal,**
**ziehe einen Strich darunter.**
**Addiere, subtrahiere und bilanziere.**

**Ich denke, es war gut so!**

**Offen für Neues!**

## Zum Weiterleben

Man kann eigentlich jeden Tag im Jahr Silvester haben, immer ist Gelegenheit zur Rückschau und zur „Abrechnung“ mit der Vergangenheit. Aber: Seien wir barmherzig mit uns und zuversichtlich noch dazu. Vielleicht ist das Bild eines Kamins genau richtig. Es kommt doch darauf an, dass man das Feuer in sich hütet und brennen lässt. Einen Sack mit Brennholz bekommt man in jedem Baumarkt. Stellen wir ihn auf die Terrasse, in den Keller … oder nur ein kleines Stück Holz auf den Nachttisch oder den Schreibtisch.

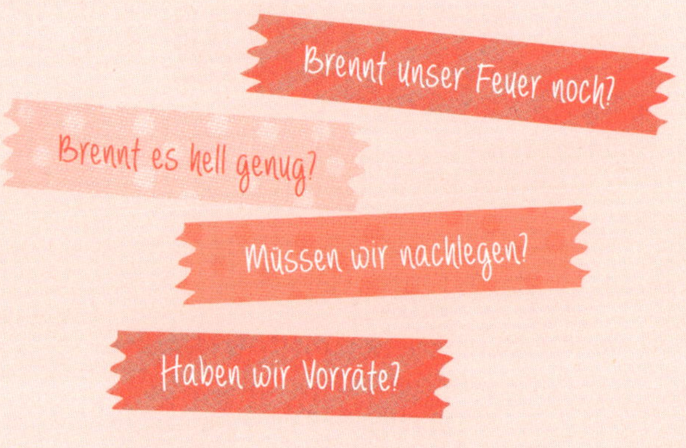

„MACHE NIE DIE RECHNUNG OHNE DEN JOKER!"

# NEUJAHR

Ich habe, so sage ich immer, einen WDR-4-Schaden davongetragen. Als ich Kind war, wurde an fast jedem Sonntag gegen drei Uhr nachmittags bei uns zu Hause am Kaffeetisch das Radio eingeschaltet. Dort lief dann die Sendung „Wunschkonzert", bei der die Hörer das Programm wünschten. Heute hat der Sender längst sein Konzept umgestellt. Damals aber spielte genau diese Musik mitten in das Herz der Hörerinnen und Hörer: die Menskes-Chöre, Karel Gott, Peter Alexander, die Egerländer Musikanten ... alle waren sie Woche für Woche dabei. Mit dabei war sehr oft auch das Lied „Kartenspiel" von Bruce Low. Über die seichte Hintergrundmusik eines Klassikers aus der Feder des Großmeisters Bach spricht diese markante und tiefe Stimme einen Text. Bruce Low nimmt das Kartenspiel auseinander und nimmt den Hörer mit auf eine Reise, die zu einem Blick hinter die Kulissen einlädt. Ich weiß nicht, warum, und es ist überhaupt nicht meine Musik, aber: Hin und wieder denke ich heute noch an die Zeilen und ertappe mich dabei, das Lied auf Youtube zu suchen, um es zu hören. Beeindruckend finde ich immer die Zahlensymbolik, die Low in seinem Lied erklärt. Am Ende des Liedes sagt er:

**„Sie dürfen nie die Rechnung ohne den Joker machen!"**

„Hey!", denke ich bei mir: Wie oft neige ich zu Schwarzmalerei und vergesse diesen Joker in meinem Leben? Wenn das neue Jahr mit seinen 365 Tagen vor mir liegt, dann will ich mir eigentlich das Wort „Joker" auf jede Seite meines leeren Kalenders schreiben. Nur zur Sicherheit!

## Zum Weiterdenken

Bitte mach das Spiel.
Mische die Karten neu.
Schau sorgfältig nach, ob alles vollständig ist.
Lass dich auf die Spielregeln ein.
Wenn nötig: Lies noch einmal nach.
Sei frohen Siegesmutes.
Aber stell dich auch aufs Verlieren ein.
Das kann passieren.
Sei ein guter Verlierer.
Sei ein glücklicher Gewinner.
Bleibe fair.

Und: Setze auf den Joker!

## Zum Weiterleben

Am Anfang eines neuen Jahres kann man es besonders gut: Stellen Sie sich die Frage nach Ihren Lebensjokern. Gibt es Momente, in denen Sie auf Joker setzen? Gibt es Momente, in denen Sie vergessen, dass Sie noch den Joker ziehen könnten? Vielleicht gehen Sie einfach mal ins Spielwarengeschäft und investieren Sie ein paar Euros in ein Kartenspiel. Als Erinnerung schadet eine in den Kalender eingelegte Joker-Karte sicher nicht.

DIE SCHÖPFUNG BEWAHREN

# WELTTAG DER ERDE

„Welttag der Erde“, lese ich, als ich am 22. April mein Kalenderblatt abreiße. Und dann sind sie schon da, diese eingeübten Satzbausteine von der Wahrung der Schöpfung, von der Mutter Erde, die allen Menschen zugleich Heimat ist, die allen gehört und niemands Eigentum ist.

Und als Nächstes kommen mir die verstörenden Befunde in den Sinn: der Klimawandel und seine dramatischen Auswirkungen, die Dürren, die Hurrikane, das Ozonloch, unsere Wohlstands-Plastiktüten, die in den Ozeanen schwimmen.

Am Welttag der Erde ist jeder Mensch aufgerufen, seinen eigenen Umgang mit den Ressourcen und seine eigene Müllproduktion zu hinterfragen. Wenn ich manchmal in unsere gelbe Wertstofftonne schaue, dann wird mir ganz anders. Und ich frage mich: Wie um Himmels Willen konnte es in den letzten vier Wochen dazu kommen, dass wir so viel Plastikmüll produziert haben?

Die Lage ist brisant. Es geht nicht immer so weiter. Ich fürchte, es wird sich nur etwas ändern, wenn jeder anfängt, es für sich zu tun.

Ein Buch der Bibel trägt den Namen „Buch der Weisheit“. Über 2 000 Jahre alt sind die Gedanken, die darin aufgeschrieben wurden. Doch es hält mancherlei überraschend aktuelle Weisheit für uns bereit.

Dort heißt es:

**Du liebst alles, was ist,**

**und verabscheust nichts von dem,**
**was du gemacht hast;**

**denn hättest du etwas gehasst,**
**so hättest du es nicht geschaffen. (...)**

**Du schonst alles, weil es dein Eigentum ist,**

**Herr, du Freund des Lebens.**

*Weisheit 11,24.26*

Ich möchte gar nicht weiter moralisieren. Ich fasse mich an meine eigene Nase und verordne mir selbst ab und zu den verstörenden Blick in die Wertstofftonne.
Und heute probiere ich es mit einer ebenso überzeugenden wie entspannenden Lektion: einem Spaziergang durch den schönen Niederrhein. Vielleicht treffen wir uns ja!

## Zum Weiterdenken

Der heilige Franz von Assisi hatte eine besondere Verbindung zur Schöpfung, zur Mutter Erde und zu allen Lebewesen. Sein Sonnengesang führt uns die Schönheit und Einzigartigkeit unserer Erde vor Augen.

## Der Sonnengesang

Höchster, allmächtiger, guter Herr,
dein sind das Lob, die Herrlichkeit
und Ehre und jeglicher Segen.
Dir allein, Höchster, gebühren sie,
und kein Mensch ist würdig,
dich zu nennen.

Gelobt seist du, mein Herr,
mit allen deinen Geschöpfen,
zumal dem Herrn Bruder Sonne,
welcher der Tag ist
und durch den du uns leuchtest.
Und schön ist er und strahlend
mit großem Glanz:
Von dir, Höchster, ein Sinnbild.

Gelobt seist du, mein Herr,
durch Schwester Mond
und die Sterne;
am Himmel hast du sie gebildet,
klar und kostbar und schön.

Gelobt seist du, mein Herr,
durch Bruder Wind und durch Luft
und Wolken
und heiteres und jegliches Wetter,
durch das du deinen Geschöpfen
Unterhalt gibst.

Gelobt seist du, mein Herr,
durch Schwester Wasser,
gar nützlich ist es und demütig
und kostbar und keusch.

Gelobt seist du, mein Herr,
durch Bruder Feuer,
durch das du die Nacht erleuchtest;
und schön ist es und fröhlich und
kraftvoll und stark.

Gelobt seist du, mein Herr,
durch unsere Schwester, Mutter Erde,
die uns erhält und lenkt
und vielfältige Früchte hervorbringt
und bunte Blumen und Kräuter.

(...)
Lobt und preist meinen Herrn
und dankt ihm und dient ihm
mit großer Demut.

*Franz von Assisi*

## Zum Weiterleben

Was lesen Sie eigentlich gerade? Ich habe ja immer irgendein Buch auf dem Nachtisch liegen. Wundern Sie sich bitte nicht, wenn ich Ihnen nun einen Buchtipp gebe. Vor allem sollten Sie es dann nicht tun, wenn ich Ihnen empfehle, ein Lehrschreiben des Papstes zu lesen, eine sogenannte Enzyklika. Sie stammt aus der Feder von Papst Franziskus, trägt den Titel „Lauda to si" (genau wie der Sonnengesang des heiligen Franz) und enthält viele sinnvolle Gedanken zur Wahrung der Schöpfung. Ein Ausschnitt gefällig?

**„Ich lade dringlich zu einem neuen Dialog ein über die Art und Weise, wie wir die Zukunft unseres Planeten gestalten. Wir brauchen ein Gespräch, das uns alle zusammenführt, denn die Herausforderung der Umweltsituation, die wir erleben, und ihre menschlichen Wurzeln interessieren und betreffen uns alle."**

*Papst Franziskus*

Mehr davon findet man in besagter Enzyklika, die man online auf der Seite der Deutschen Bischofskonferenz **www.dbk.de** lesen und auch dort beziehen kann.

MIT HUMOR GEHT ALLES LEICHTER

# WELTTAG DES SCHALLENDEN LACHENS

Was tun Sie eigentlich am 24. Januar um 13.24 Uhr? Ich frage dies, weil dann der „Welttag des schallenden Lachens“ begangen wird. Am 24. Januar sind die Menschen zu eben dieser Uhrzeit aufgefordert, die Hände in die Luft zu werfen und schallend zu lachen. Einen Grund muss es laut den Initiatoren dafür nicht geben, denn der Tag des schallenden Lachens sei Grund genug.

Eigentlich halte ich nichts von solchen verordneten Tagen und schon gar nicht lasse ich mir das Lachen vorschreiben. Als Niederrheiner zähle ich mich aber zu den Frohnaturen unter Gottes Geschöpfen, und tatsächlich: Ich lache gerne. Also habe ich einmal nachgesehen, was zum Lachen noch zu sagen wäre:

„Lachen“, steht bei der Beschreibung des Feiertags, könne „dazu dienen, Sympathien, aber auch Antipathien auszudrücken. So wird beispielsweise mit jemandem oder über jemanden gelacht.“

Ein kleiner, aber feiner Unterschied. Ich persönlich lache lieber mit jemandem als über jemanden. Ich kann mich aber nicht davon freisprechen, auch einmal über andere gelacht zu haben. Und ich erinnere mich durchaus an Situationen, bei denen das Lachen oder Belächeln anderer Menschen mir wehgetan hat.

Auch die Bibel kennt übrigens diese verschiedenen Arten zu lachen. Man liest dort von hämischem Lachen, mitleidigem Lächeln, vom

messerscharfen Lachen der Schadenfreude, aber auch vom befreienden Lachen und eben auch vom schallenden Gelächter der Freude. Und dieses echte und frohe Lachen tut uns Menschen gut.
Ich lese weiter: „Das Immunsystem wird durch die beim Lachen ausgeschütteten Hormone gestärkt. Ab etwa fünf Minuten führt das Lachen zu einer Entspannung und hat somit auch eine therapeutisch-beruhigende Wirkung."

## Zum Weiterdenken

„Wenn es nicht so zum Lachen wäre, könnte ich heulen!", so sagen wir, wenn etwas wirklich Unglaubliches in unserem Leben passiert. Wenn dieses Lachen nicht zum Zynismus wird, befreit es uns und hilft uns, eine Situation anzunehmen. Manchmal passieren unerwartete Dinge im Leben. Das müssen nicht immer gleich Katastrophen oder Lottogewinne sein. Wer über die Welt und das Leben noch lachen kann, der ist mit ihr jedenfalls noch nicht fertig.
Manchmal brauchen wir Geschichten und Erzählungen, um unser Leben und unsere Erfahrungen in einem anderen Licht sehen zu können. Die Bibel hält viele solcher Lebens- und Gottesgeschichten für uns bereit. Sie sind uralt. Aber sie sind auch sehr jung, weil sie in unserer Gegenwart nach wie vor wirken. So lohnt sich zum Beispiel ein Blick in die Geschichte von Sara und Abraham aus dem Buch Genesis. Dort lesen wir von Sara. Die Frau des Abraham soll im hohen Alter noch ein Kind bekommen. Das ist für sie eine Lachnummer! Sie muss sich eines Besseren belehren lassen. Schließlich wird aus ihrem spöttischen Lachen ein Lachen der Freude. Zu Recht: Denn sie wird Mutter der Zukunft.

**Abraham und Sara waren schon alt; sie waren hochbetagt. Sara erging es nicht mehr, wie es Frauen zu ergehen pflegt. Sara lachte daher still in sich hinein und dachte: Ich bin doch schon alt und verbraucht und soll noch Liebeslust erfahren? Auch ist mein Herr doch schon ein alter Mann! Da sprach der HERR zu Abraham: Warum lacht Sara und sagt: Sollte ich wirklich noch gebären, obwohl ich so alt bin? Ist denn beim HERRN etwas unmöglich? Nächstes Jahr um diese Zeit werde ich wieder zu dir kommen; dann wird Sara einen Sohn haben. Sara leugnete: Ich habe nicht gelacht. Denn sie hatte Angst. Er aber sagte: Doch, du hast gelacht.**

*Genesis 18,11–15*

## Zum Weiterleben

Das Wissen, dass wir von Gott gehalten und getragen sind, kann uns fröhlich machen, wie der niederrheinische Kabarettist und Poet Hanns Dieter Hüsch es einmal so treffend beschrieb:

**Ich bin vergnügt, erlöst, befreit,**
**Gott nahm in seine Hände meine Zeit,**
**mein Fühlen, Denken, Hören, Sagen,**
**mein Triumphieren und Verzagen,**
**das Elend und die Zärtlichkeit.**

*Hanns Dieter Hüsch*

## Brauchtum – gar nicht so spießig

Man muss die Feste, so sagt man ja, feiern, wie sie fallen. Dazu gehören auch die bekannten und weniger bekannten Gedenktage. Mal ranken sich um sie vielerlei Bräuche und lieb gewonnene Traditionen. Andere sind mittlerweile fast gänzlich unbekannt. Es gibt solche Tage, die noch nicht einmal in den gängigen Kalendern vermerkt sind. Gehen wir doch mal auf die Suche. Dieses Buch stellt einige dieser Tage in den Mittelpunkt. Unzählige weitere Tage gibt es, an denen wir eingeladen sind, zu erinnern. Wie schön, dass auf diese Weise Lebenszeugnisse und Gedanken nicht verloren gehen. Sie können uns Seh- und Lebenshilfe für unseren Weg werden.

Schöne Traditionen
BRÄUCHE IM JAHRESLAUF

MAL WIEDER WAS ZUM BLÜHEN BRINGEN

# BARBARAZWEIGE

Wenn man mich Anfang Dezember, genauer am 4. dieses Monats, dem Fest der heiligen Barbara, mit der Astschere bewaffnet im Garten antrifft, dann liegt es nicht daran, dass ich etwa den Verstand verloren hätte. Ich bin Hobbygärtner genug, um zu wissen, dass man unter normalen Umständen in dieser Jahreszeit besser keine Sträucher und Bäume beschneidet. Doch die Zweige von Kirsch-, Apfel-, Birken-, Haselnuss-, Rosskastanien- oder Pflaumenbäumen sowie von Holunder-, Rotdorn- oder Forsythienbüschen wecken nun mein Interesse. Schneidet man diese ab und stellt sie drinnen in eine Vase mit Wasser, so tragen sie meistens am Weihnachtstag Blüten. Mit ein wenig vorgetäuschtem Frühling im warmen Haus gelingt es, die Natur zu überlisten. Sprich: Es geschieht etwas, das man eigentlich für nicht machbar und unmöglich hielt.

Ich beobachte das gerne und stelle mir innerlich vor, wie sich diese Zweige zutiefst wundern, was da auf einmal los ist. Könnten sie reden, vielleicht sagten sie dies: „Ich hatte mich eigentlich auf Standby eingerichtet – und nun so was?!"

Stand-by ... wenn ich darüber nachdenke, entdecke ich diesen Modus auch in mir sehr oft. Man hat sich eingerichtet im sogenannten „Buisiness as usual“ und spult sein Programm einfach ab. Es fällt kaum auf, was beiläufig dabei passiert: Viele Interessen, Fähigkeiten und Wünsche verkümmern in mir – und irgendwann merke ich wahrscheinlich noch nicht mal mehr, dass es sie gibt.
Es müsste einfach jemand kommen – bestenfalls völlig unangemeldet und ungelegen – und mich aus diesem Stand-by-Modus befreien. Dann könnte etwas aufblühen.

**Jung und zerbrechlich.**
**Neu und voll von Anfang.**
**Zärtlich und kraftvoll sind sie.**
**Voll von Leben und Lebendigeit.**

**Zeugen von Zukunft.**
**Zeugen von Aufbruch.**
**Zeugen von Perspektive.**

**Es knospt und knospt und knospt ...**
**... in deinem Leben!**

## Zum Weiterleben

Man braucht nicht unbedingt einen eigenen Garten, noch nicht einmal Zweige. Das alles ist verzichtbar. Ich muss nur auf die Suche nach scheinbar Verdorrtem in meinem Leben gehen. Was hat sich in mir in einen Stand-by-Modus geschlichen? Unbemerkt. Still und heimlich. Es wäre doch gelacht, wenn man nicht einiges in sich wieder zum Blühen bringen könnte!

- Die Klaviernoten müssten doch irgendwo auf dem Speicher liegen. Mein Gott! Wie lange habe ich nicht mehr gespielt?
- Haben wir nicht ein Waffeleisen im Keller? Waffeln mit Eis und heißen Kirschen ... das haben wir ewig nicht mehr gemacht. Und dann: Freunde einladen.
- Spazierengehen, bis man müde zu Hause ankommt, und dann mit einem heißen Tee aufs Sofa.
- Statt Sachbüchern einen schönen Roman lesen.
- Die Oper besuchen.
- Mal wieder auf ein Open-Air-Konzert gehen.
- Eine Nacht durchfeiern.
- Cola-Kracher essen.
- Schaukeln.

All das Verkümmerte einfach mal ins Warme holen und zum Blühen bringen!

„NICHT ALLES AUF EINMAL!"

# DER ADVENTSKRANZ

Wenn der Strohring aus dem Keller geholt wurde, dann konnte man sicher sein: Der Advent stand vor der Tür. Die Mutter machte sich auf den Weg und kaufte ein Bündel Tannenzweige. Das Grün wurde mit Draht auf den Kranz gebunden. Dann stand die alljährliche Frage nach der Gestaltung an. Eher schlicht und einfach? Mit viel Farbe und prunkvoll? In der Regel wurde es am Ende doch wieder ein schlichter Kranz mit den üblichen vier Kerzen. Und ich war damit sehr zufrieden.

Schon als Kind verstand ich beim Adventskranz keinen Spaß. Ich war und bin da wenig flexibel. Es gibt einige Dinge, die mich einfach innerlich wahnsinnig machen. Ein kurzer Überblick:

Ein Adventskranz ist ein Kranz. Ich erinnere mich dunkel daran, als die Mode auch bei uns Einzug hielt und man mich überzeugen wollte: „Dieses Jahr machen wir einen Adventsteller mit vier Kerzen und ein wenig Tannengrün!"

Ein anderes Jahr kam die Mode auf, dass die vier im Set verpackten Kerzen bereits absteigende und unterschiedliche Größen hatten. Auch das konnte so natürlich nicht sein.
In einem anderen Jahr einigten wir uns zwar auf die üblichen vier gleich großen Kerzen. Aber das dicke Ende kam. Aus sparsamem Pragmatismus hatte irgendwer in der zweiten Woche eine dritte Kerze angesteckt, damit die Kerzen möglichst gleichmäßig abbrennen. Es brannten zwar nur zwei Kerzen, aber es war eben nur noch eine Kerze unversehrt.
Sie mögen beim Lesen nun vielleicht schmunzeln. Und Sie haben recht: Es gibt sicher entscheidendere Dinge als diese oberflächlichen Details. Für mich aber sind sie wichtig. Die Frage nach den Kerzen geht tiefer. Ich mag es, wenn mich der Advent zum Geduldigsein zwingt. Das liegt daran, dass ich eigentlich nicht geduldig war und bin und sicher auch niemals sein werde. Aber dem Adventskranz gelingt es, diese Geduld in mir wachzurufen. Während ich mir heute fast alle Dinge sofort ermöglichen kann, sagt mir der Adventskranz: „Nicht alles auf einmal!“ Diese Lektion lerne ich Jahr für Jahr neu.

**Das wäre schön auf etwas hoffen zu können**
**was das Leben lichter macht und leichter das Herz**
**das gebrochene ängstliche**
**und dann den Mut haben die Türen weit aufzumachen**
**und die Ohren und die Augen und auch den Mund**
**nicht länger verschließen**

**das wäre schön**
**wenn am Horizont Schiffe auftauchten**
**eins nach dem anderen**
**beladen mit Hoffnungsbrot bis an den Rand**
**das mehr wird immer mehr**
**durch Teilen**
**das wäre schön**
**wenn Gott nicht aufhörte zu träumen in uns**
**vom vollen Leben einer Zukunft für alle**
**und wenn dann der Himmel aufreißen würde ganz plötzlich**
**neue Wege sich auftun hinter dem Horizont**
**das wäre schön**

*Carola Moosbach*

## Zum Weiterleben

Eine Kur tut gut. Ich wollte immer schon mal eine machen! Nein, nicht wegfahren! Ich möchte gerne mitten im Jahr in aller Betriebsamkeit und allem Trubel zwei, drei, vielleicht vier Wochen Ruhe und Geduld trainieren. Ich hole den Adventskranz vom Speicher, bestücke ihn mit Kerzen und zünde Woche für Woche eine mehr an. Jeden Abend schaue ich für zehn Minuten in das Licht der Kerzen und denke dabei darüber nach, was war, was kommt und ... was sein könnte. Wenn alle vier Kerzen brennen, wird auch in mir bestimmt etwas passiert sein und ich kann Weihnachten feiern. Mitten im Jahr, auch bei 25 Grad. Denn: Nichts anderes ist Weihnachten als das Fest der Menschwerdung. Und das wäre ja dann bei mir gelungen.

„Sei verrückt!"

# KARNEVAL

Haben Sie jemals von Alfred Fielding gehört? In einer Garage in New Jersey tüftelte der Ingenieur in den 1950er-Jahren tagein, tagaus vor sich hin. Mit seinen verrückten Ideen trieb er Freunde und Kollegen, ja selbst die Familie in den Wahnsinn.

Alfred Fielding war auf der Suche nach einer neuen Kunststoff-Tapete. Die Tapete sollte leicht abwaschbar sein und das Anbringen an die Wand sollte zudem einfacher sein als bei dem üblichen Papiermaterial. Doch es gab ein Problem: Die Tapete hielt nicht an der Wand – ein ungünstiger Umstand, wenn man in irgendeiner Weise mit einer Tapete Geld verdienen möchte. Alfred aber war angetrieben von seiner Idee. Er wollte die Welt der Tapeten revolutionieren. Sein Umfeld hingegen sah das ganz anders. Man nannte ihn „den Bekloppten in seiner Garage".

Szenenwechsel: Als der Zweite Weltkrieg beendet war, seine Auswirkungen aber noch überall mehr als präsent waren, fing mein heimatlicher Karnevalsverein 1948 wieder mit dem Karneval an. Mit dem neu komponierten und getexteten „Radaumarsch" „Kenger, dat wörrt noajeholt" traten die Vereinsmitglieder karnevalistisch an die Öffentlichkeit. In den vom Krieg noch gezeichneten Straßen erklang also zur Karnevalszeit: „Kenger, dat wörrt noajeholt, wenn der Hahn wör richtig löppt!"; sinngemäß: „Kinder, das holen wir nach, wenn es wieder richtig läuft."

Auch dafür wird in dieser ernsten Zeit nicht jeder Verständnis gehabt haben, vielleicht kann man sagen: Verständnis für diese

„Bekloppten“, die nach all dem Leid, in all der Verstörung und nur drei Jahre nach Kriegsende mit einem solchen Radaumarsch durch die Straßen zogen.
Doch zurück zu Alfred Fielding und seiner Kunststofftapeten-Idee. Irgendwann wurde er mutlos und war kurz davor, seine Idee einzustampfen. Doch dann fand zufällig ein Kollege seine (zugegeben unbrauchbare) Tapete in der kleinen Garage in New Jersey. Am 27.11.1959 meldete er mit Fielding ein Patent an – übrigens nicht für eine Tapete, sondern für dieses Produkt, die sogenannte „Luftpolsterfolie“. Heute ist sie jedem als Verpackungmaterial für Waren aller Art bekannt. Aus der verrückten Idee war schließlich doch noch etwas sehr Brauchbares geworden.
Haben wir den Mut, verrückt zu sein!

## Zum Weiterdenken

Das Neujahrsgebet des Pfarrers von Sankt Lamberti in Münster aus dem Jahr 1883 hilft mir manchmal im Alltag, die Dinge ein wenig zu verrücken. Verrückt sein heißt für mich: Mut zum Anderssein zu entwickeln, Dinge infrage zu stellen und notfalls auch mal anzuecken. Dazu muss man kein Karnevalist sein! Es schadet aber auch nicht.

**Herr, setze dem Überfluss Grenzen**
**und lasse die Grenzen überflüssig werden.**
**Lasse die Leute kein falsches Geld machen,**
**aber auch das Geld keine falschen Leute.**
**Nimm den Ehefrauen das letzte Wort**
**und erinnere die Männer an ihr erstes.**
**Schenke unseren Freunden mehr Wahrheit**
**und der Wahrheit mehr Freunde.**

**Bessere solche, die im öffentlichen Leben wohl tätig,**
**aber nicht wohltätig sind.**
**Lehre uns die Einsicht, wer reich im Portemonnaie ist,**
**ist nicht immer reich auch im Herzen.**
**Gib den Regierenden ein besseres Deutsch**
**und den Deutschen eine bessere Regierung.**
**Lass uns sagen, was wir denken**
**und lass uns tun, was wir sagen.**
**Also lass uns das auch sein, was wir sagen und tun.**
**Herr, sorge dafür, dass wir alle in den Himmel kommen,**
**aber – bitte – nicht sofort.**

*Hermann Kappen*

## Zum Weiterleben

Auch das Verrücktsein muss man hier und da einüben. Das muss nicht an Karneval sein! Man muss dazu auch nicht unbedingt einen Zugang zum närrischen Treiben haben, muss nicht in Köln, Düsseldorf, Mainz wohnen. Verrückte Ideen, verrückte Menschen haben nicht selten etwas bewegt. Nun braucht ja nicht jeder gleich die Welt aus den Angeln zu heben. Manchmal reicht es einfach, etwas unerwartet anderes mit seinem Leben zu tun. Plötzlich wird das eigene Umfeld hellhörig und fühlt sich angefragt und hinterfragt. Fangen wir doch mit kleinen Dingen an:

Eis essen im Winter.

Glühweintrinken im Sommer.

Weihnachtslieder singen, wenn einem danach ist.

Es gibt viele Möglichkeiten!

## KERZEN GEGEN DIE HALSSCHMERZEN

# BLASIUSSEGEN

Die Kirche feiert den Namenstag des heiligen Blasius aus Sebaste am 3. Februar eines jeden Jahres. Seit ich Kind war, kenne ich den Brauch des Blasiussegens. Verstanden habe ich ihn früher nicht so recht. Zwei gekreuzte und brennende Kerzen wurden vor meinen Hals gehalten und der Priester sprach: „Auf die Fürsprache des heiligen Blasius bewahre dich der Herr vor Halskrankheit und allem Bösen. Es segne dich Gott, der Vater und der Sohn und der Heilige Geist."

„Keine Halsschmerzen? Das kann nicht schaden", dachte ich mir damals und ließ den Segen gern über mich ergehen.

Auch wenn der Segen selbst etwas aus der Zeit gefallen zu sein scheint: Die Themen, die dahinter stehen, sind alles andere als verschroben und verstaubt. Es geht um Gesundheit und Heil. Nicht erst, seitdem die Beauty- und Wellnesswelle viele Menschen erreicht hat, sind diese Schlagwörter ein Thema. Und auch ich finde: Beides muss stimmen!

Um die Gesundheit des Körpers kümmert sich bei Problemen der Arzt. Er diagnostiziert Krankheiten und behandelt sie mit dem Ziel der Genesung. Ein Segen vermittelt mir, dass mein Heil ein ebenso hohes Gut ist, das mir immer wieder von Gott zugesagt und geschenkt ist.

Eine gesunde Seele in einem gesunden Körper, das wäre das Ziel. Damit geht dieser Segen deutlich über den Hals-Nasen-Ohren-Bereich hinaus.

## Zum Weiterdenken

Es gibt einen Turnschuhfabrikanten, der seinen Markennamen an die Anfangsbuchstaben einer alten lateinischen Weisheit anlehnt: „Anima Sana in Corpore Sano." Sinngemäß bedeutet das: „eine gesunde Seele in einem gesunden Körper". Dieser Ausspruch geht auf den römischen Dichter Juvenal zurück, der einmal sagte: „Beten sollte man darum, dass ein gesunder Geist in einem gesunden Körper sei." Soweit die Lateinstunde. Mir sagt dieser Satz, dass beides zusammengehört. Was nutzt einem die körperliche Gesundheit, wenn man seelisch völlig in den Seilen hängt? Man wäre kerngesund, aber trotzdem nicht man selbst. Wenn beides stimmt, dann „wird ein Schuh daraus". Hier und da braucht also auch die Seele ein wenig Wellness und Fitness – oder einfach ein gutes Wort. Nichts anderes ist ein Segen!

## Zum Weiterleben

Mein Lexikon sagt mir: „Fitness drückt das Vermögen aus, im Alltag leistungsfähig zu sein und Belastungen eher standzuhalten." Ich denke, ich brauche mal wieder einen „Trimm-dich-Pfad", um mich zu trainieren. Ein paar Kilos weniger schaden nie und die eingerosteten Knochen werden es mir sicher ebenfalls danken. Aber: Ich will auch meiner Seele ein wenig Gymnastik gönnen: eine Stunde Stille, ein Gebet, einen Gottesdienst, einen Blick in die Bibel. Denn wie heißt es so schön?

„Wer rastet, der rostet!"

NUR SCHNÖDER MAMMON?

# VALENTINSTAG

Alljährlich um den 14. Februar dasselbe Prozedere: Die Floristen legen sich mächtig ins Zeug, denn der Valentinstag steht vor der Tür. Und jedes Jahr regen sich jene auf, die diesen Geschäftsleuten unterstellen, sie würden den Valentinstag nur protegieren, um einen weiteren Anlass zum Blumenkauf aus der Taufe zu heben. Mich amüsiert dieses Treiben immer wieder aufs Neue. Ich finde es höchst merkwürdig, wie man den Floristen vorhalten kann, sie täten etwas aus rein unternehmerischem Interesse. Natürlich tun sie das! Und wir machen es ihnen an keinem anderen Tag im Jahr zum Vorwurf. Wer würde dies seinem Blumenlädchen vorhalten, wenn es um den Strauß zur Hochzeit, zum Geburtstag oder zum Jubiläum geht? Natürlich wollen diese Unternehmen Geld verdienen. Warum auch nicht?

Was bleibt, ist aber in der Tat die Verwunderung über diesen relativ neuen Trend. Wer hat schon vor 20 Jahren an den Valentinstag gedacht?

Vielleicht schauen wir uns diesen namensgebenden Knaben einfach mal an. Das ist übrigens bei vielen Bräuchen erhellend, die auf Heilige zurückgehen. Der heilige Valentin gilt als Patron der Liebenden und der Verliebten. Auf die Zeit der Antike geht der bis heute verbreitete Brauch zurück, an seinem Gedenktag Blumen zu verschenken.

Diesen hat die Kirche geschickterweise auf den Festtag der heidnischen Göttin Juno gelegt, die als die Beschützerin von Ehe und Familie galt. Ihr wurden bei ihrem Fest an eben demselben 14. Februar Blumen geopfert, und Paare wurden per Lotterie für ein Jahr verbandelt. Diese Verehrung ging wohl später auf den Valentinstag über. Für Valentin selbst dagegen war dieser Tag alles andere als ein Glückstag. Die Kirche gedenkt an diesem Tag seiner Enthauptung.
Warum soll man solch einen Tag wie den Valentinstag bekämpfen? Ob man ihn nun feiert oder nicht, ob man Pralinen oder Blumen kauft – egal! Ich freue mich für jeden, der seine Liebe feiert. An jedem Tag und auch am 14. Februar! Und wenn dann noch ein bisschen „lieber Gott drin ist“ (von dem Valentin ja überzeugt war): umso besser!

## Zum Weiterdenken

Aber – organisierte Religion hin, organisierte Religion her – ich wünsch mir, dass ihr alle ein bisschen fromm werdet. Vergesst das Beste nicht! Ich mein damit, dass ihr Gott manchmal lobt, nicht immer – das tun nur Schwätzer und Höflinge Gottes –, aber doch manchmal, wenn ihr sehr glücklich seid, so dass das Glück ganz von selbst in die Dankbarkeit fließt und ihr „Halleluja“ oder das große Om der indischen Religion singt.
Eins von euch, ich glaube, es war Caroline, hat mal beim Besuch einer scheußlichen Kirche, in die wir euch bei Reisen schleppten, trocken gesagt: „Ist kein Gott drin.“ Genau das soll in eurem Leben nicht so sein, es soll „Gott drin sein“, am Meer und in den Wolken, in der Kerze, in der Musik und natürlich in der Liebe.

*Dorothee Sölle, aus einem Brief an ihre Enkelkinder*

## Zum Weiterleben

Man kann auch einfach mal so einen Blumenstrauß kaufen. Ich bin ein Verfechter einer Kultur der Überraschungen. Gut, wenn Valentin im Alltag daran erinnert, dass es mal wieder Zeit für eine kleine Aufmerksamkeit ist – auch wenn es durch die nervigen Plakate in den Schaufenstern der Geschäfte passiert! Aber auch zu anderen Zeiten des Jahres gönne ich mir und lieben Menschen ab und zu überraschend eine süße Aufmerksamkeit oder einen fröhlichen Blumengruß.

## Tage des Erinnerns

„Jetzt aber mal nicht persönlich werden!" – Das halten wir gelegentlich Menschen entgegen, die gerade im Begriff sind, eine Grenze zu überschreiten. Es sind unsichtbare Grenzen um das, was uns im Innersten berührt – dort, wo man selbst am verletzlichsten ist. Um diese verletzlichen Stellen in unserem Innersten geht es bei so vielen Tagen und Momenten des Erinnerns ... zumindest täte es gut, wenn wir uns daran erinnern und ab und zu „persönlich werden".

# Dein persönlicher Tag

## INDIVIDUELLE FEST- UND GEDENKTAGE

DEN RING POLIEREN

# HOCHZEITSTAG

Hand aufs Herz: Wie halten Sie es mit dem Hochzeitstag? Feiern Sie ihn? Also nicht nur, wenn er sich „rundet“? Haben Sie spezielle Rituale? Gehen Sie zu Ihrem Lieblingsitaliener? An den Ort, an dem alles anfing? Fahren Sie in Urlaub oder machen Sie einen Familientag? Haben Sie den Tag schon mal vergessen? Oder legen Sie vielleicht gemeinsam gar keinen besonderen Wert auf dieses Datum?
Es gibt, wie ich finde, kein Richtig und kein Falsch. Aber egal ob man diesen Tag begeht oder nicht: Die Fakten, die an diesem Tag geschaffen wurden, sind das Fundament für Ihren Alltag und seine Wirklichkeit. Das „In guten wie in bösen Tagen“ ist kein Wort, das man so leicht dahersagt. Die ganze Tragweite spürt man aber erst, wenn nach den Höhen die Tiefen kommen, nach der Freude der Schmerz, nach der Eintracht der Streit.
Und dann: dieser Ring am Finger beider Partner, der zum Ausdruck bringt, dass die Liebe zwischen zwei Menschen ohne Anfang und ohne Ende sein soll. Der Ehering zeigt auch, dass immer ein Stück von einem selbst beim je anderen ist. Tagein, tagaus.
Da ich gerne im Garten arbeite, hat mein weißgoldener Ehering in den letzten Jahren einige Kratzer und Macken bekommen. Zuletzt war das so, nachdem ich im Frühjahr den Gemüsegarten umgegraben hatte. Irgendwann fiel der matte und verkratzte Anblick

des Rings auch meiner Frau auf. Sie zog ihn mir von der Hand, griff in ihren Wunderschrank mit allerlei Mitteln, Reinigungspasten und Tüchern und polierte im Handumdrehen alles aus dem Ring heraus. Es war quasi nur ein „Drangeben“ und nach wenigen Minuten glänzte der Ring wieder.

Manchmal muss man sich ein wenig Zeit nehmen, um die ein oder andere Macke aus dem Ring des anderen herauszupolieren. Ohne viel Aufsehen.

## Dich neu zu lernen

**Dich neu zu lernen.**
**Jedes Jahr.**
**Jeden Monat.**
**Jede Woche.**
**Jeden Tag.**

**Das ist mir aufgegeben.**
**Das ist mir geschenkt.**
**Das ist mir Freude.**
**Das ist mir Last.**
**Das ist mir Mut.**
**Manchmal Zumutung.**

**Dich neu zu lernen.**
**Jedes Jahr.**
**Jeden Monat.**
**Jede Woche.**
**Jeden Tag.**

**Das ist mir aufgegeben.**
**Und dir.**

**Und daraus wächst das WIR.**

## Zum Weiterleben

Es gibt für jedes Fahrzeug Wartungsintervalle. Sie schreiben fest, wann die nächste Inspektion, der nächste Ölwechsel ansteht. Für Eheringe gibt es so etwas nicht. Bestimmt ist der Hochzeitstag ein guter Anlass dazu. Es kann aber auch mitten im Jahr sein, an einem Abend oder einem Vormittag.

Zeit für einen Inspektionstermin der Eheringe. Welche Macken sind reingekommen? Ist er matt oder glänzt er? Diese Fragen kann man natürlich nicht nur auf den Ring bezogen stellen – wenn man es zulässt!

Und dann: Gemeinsam das Polierzeug auspacken und alles wieder zum Glänzen bringen!

Vielleicht ein Wort zum Abschluss: „Es ist gut, dass es ein WIR gibt!"

Die Ehe ist und bleibt
die wichtigste Entdeckungsreise,
die der Mensch unternehmen kann.

*Sören Kierkegaard*

DIE STUNDE NULL

# TODESTAGE

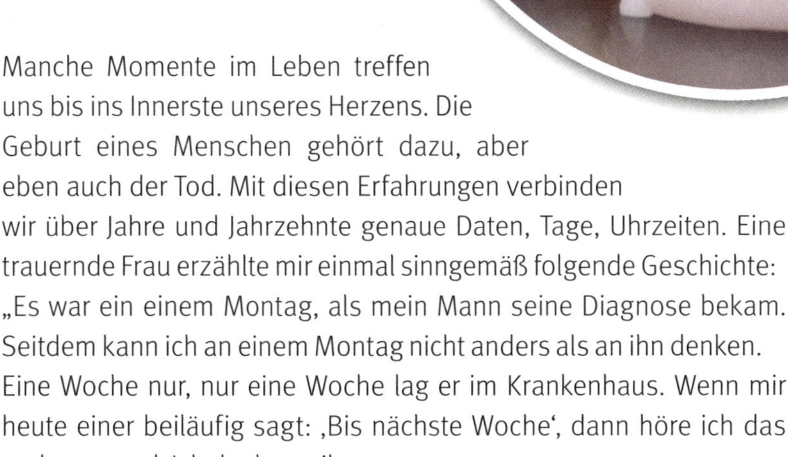

Manche Momente im Leben treffen uns bis ins Innerste unseres Herzens. Die Geburt eines Menschen gehört dazu, aber eben auch der Tod. Mit diesen Erfahrungen verbinden wir über Jahre und Jahrzehnte genaue Daten, Tage, Uhrzeiten. Eine trauernde Frau erzählte mir einmal sinngemäß folgende Geschichte: „Es war ein einem Montag, als mein Mann seine Diagnose bekam. Seitdem kann ich an einem Montag nicht anders als an ihn denken.
Eine Woche nur, nur eine Woche lag er im Krankenhaus. Wenn mir heute einer beiläufig sagt: ‚Bis nächste Woche', dann höre ich das anders … und: Ich denke an ihn.
Ein ganzes Wochenende, von Freitagnachmittag bis Sonntagabend hat er dann am Ende mit dem Tod gerungen. ‚Schönes Wochenende!', das kann ich seitdem nicht mehr hören!
Sonntagsabend um 19 Uhr, genau dann, wenn die ‚Heute'-Sendung beginnt, ist er schließlich eingeschlafen. Wenn ich diese Sendung sehe, muss ich seitdem abschalten." Ich fragte die Frau, wie sie so eine Woche überhaupt überstehen könne.
Sie antwortete: „Ich habe mir eine andere Erinnerungskultur aufgebaut. Sonst hielte ich es nicht aus!"
Das kann also gemeint sein, wenn in der Begräbnismesse der Priester sagt: „Deinen Gläubigen wird das Leben gewandelt, nicht genommen!" – Und: Dieser Wandel muss auch bei uns einsetzen. Tage, Minuten, Momente gibt es genug, die es zu erinnern gäbe!

## Zum Weiterdenken

### Gedanken an den Gräbern

**Furcht vor meinem Tod?**
**Ich weiß es nicht.**

**Furcht vor dem Tod meiner Lieben?**
**Ja sicher.**

**Wie sollte ich die Lücken übersehen können,**
**die jene hinterlassen haben, die schon gegangen sind?**
**Schmerzend reißen sie auf.**
**Machen sich lautstark bemerkbar in den Alltäglichkeiten.**

**Das Fehlen – schmerzt.**
**Das Suchen – schmerzt.**
**Das Hadern – schmerzt.**

**Ich muss mit dem Tod leben.**
**Todsicher.**

## Zum Weiterleben

Warum sollten wir nicht schon zu Lebezeiten einmal gemeinsam darüber nachdenken, woran man sich später einmal erinnern will? Das täte jedem gut. Der, der ginge, könnte sagen: „Erinnere dich an mein Lachen." „Halte meinen Lieblingswein in Ehren." Oder vielleicht: „Pflanz mir keine Geranien aufs Grab!" Der, der bliebe, wüsste einen Weg mehr, das Leben zu feiern und nicht den Tod.

## DIE STORY HINTER DEN NAMEN

# NAMENSTAGE

Kennen Sie eigentlich Ihren Namenstag? Und, viel wichtiger: Können Sie etwas damit anfangen? Die Jahre sind vorbei, in denen der Namenstag höheren Rang hatte als der Geburtstag. Familienfeier, Party, Umtrunk ... das kennen wir heute eher vom Geburtstag. Es lohnt sich aber durchaus, mal auf die Suche zu gehen nach der Person, die den eigenen Namen trug und die von der Kirche (aus welchen Gründen auch immer) in den Katalog der Heiligen aufgenommen wurde.

Es muss ja nicht gleich in Verehrung ausufern oder im Kauf einer Heiligenfigur gipfeln. Aber ob Heilige oder nicht: Ich mag Lebensgeschichten. Sie erzählen oft etwas von wahren „Typen“. Nicht selten entdeckt man wirklich interessante Menschen, verrückte Individualisten, kluge Denker, Eigenbrötler, Gemeinschaftstypen, Aussteiger, Querdenker, Zweifler, Gegenredner, Widersacher, Neinsager, Verteidiger ... Der Liste sind keine Grenzen gesetzt. Eine Auseinandersetzung mit dem eigenen Namenspaten kann sehr erhellend sein. Vielleicht versuchen Sie es auch mal?

## Zum Weiterdenken

### Heiligenstatuen

**Aus Holz**
**Aus Stein**
**Aus Bronze**

**Verblasst**
**Farbenfroh**
**Vergoldet**

**Restauriert**
**Beschädigt**
**Vergammelt**

**Verehrt**
**Abgestellt**
**Vergessen**
**Beachtet**

**Künder**
**Mahner**
**Erinnerer**
**Stachel im Fleisch**
**Stein des Anstoßes**

**Wir sollten sie**
**ab und zu herunter-**
**holen**
**von den Sockeln**
**und Altären**
**und sie ihre Botschaft**
**in unsere Welt sagen**
**lassen.**

**Vielleicht brächte es**
**Heil?**

## Zum Weiterleben

Was bei den älteren Generationen noch durchaus üblich war, ist heute fast exotisch: die Feier des Namenstages. Wenn Sie gerne feiern, dann nehmen Sie doch einfach mal Ihren Namenstag zum Anlass für eine zusätzliche Festivität. Laden Sie ein paar liebe Menschen zu Kaffee und Kuchen oder auf ein Glas Wein ein und erzählen Sie ihnen, was Sie über Ihren Namenspatron wissen. Schauen Sie gemeinsam nach Parallelen in der Biografie des oder der Heiligen und in Ihrem Leben. Gibt es Gemeinsamkeiten? Oder taugt diese Person eigentlich gar nicht als Vorbild für Ihr Leben?

WEISSER SONNTAG

# TAG DER ERSTKOMMUNION

Hier und da erwische ich mich dabei, wie ich bei Einkäufen von alltäglichen Waren kleinlich zu rechnen beginne: Kauft man ein 500-Blatt-Paket Kopierpapier, so kostet das einzelne Blatt im Durchschnitt circa 0,004 Euro. Eine verschwindend kleine Summe für so ein weißes Blatt. Lässt man den ökologischen Aspekt einmal außen vor, so kann man mit solch einem weißen Blatt ruhig verschwenderisch sein.

Ganz anders ist es allerdings, wenn das Blatt beschrieben ist. Vielleicht nicht mit irgendwelchen Massendrucksachen, Werbebotschaften oder Rechnungen. Ich denke da zum Beispiel eher an den ersten Liebesbrief, an einen Abschiedsbrief oder andere besondere Schriftstücke. Ein solches Blatt Papier kann von unschätzbarem Wert sein.

Warum erzähle ich das? Am Weißen Sonntag, dem Sonntag nach Ostern, feiern viele Gemeinden die Erstkommunion. Im Mittelpunkt steht ein kleines Stück Brot, in dem, so glauben wir Katholiken, Jesus selber da ist. In den Augen vieler Menschen mag diese kleine Hostie, hergestellt aus Mehl und Wasser, keinen besonderen Wert haben. Und es stimmt: Der Materialwert dieses kleinen Stücks Brot ist ebenso verschwindend gering wie der eines Blatts Papier. Doch wenn man genauer hinsieht, dann enthält auch diese Hostie eine Botschaft, die sie sehr wertvoll macht: In ihr will Jesus uns ganz nah sein.

## Zum Weiterdenken

Ich erinnere mich gerne an die Feier meiner Erstkommunion. Sie war für mich ein wirkliches Fest. Ich wünsche mir manchmal diese Feststimmung zurück, besonders dann, wenn es mir mal wieder schwerfällt, in einem sonntäglichen Gottesdienst das Festliche, das Feierliche zu entdecken. Dann brauche ich die Zuversicht, dass dieses Fest ja nicht mit dem Schlusssegen und dem Schlusslied enden muss. Vielleicht fängt es ja gerade erst an. Vielleicht entfaltet es sich ja erst vor der Kirchentür und wird für mich zur Feier. Dann wäre es wirklich ein Lebensfest. Was als Mahl beginnt, das wird zum Fest. Es braucht von mir manchmal nur die richtige Haltung.

Als Mahl beganns.
Und ist ein Fest geworden,
kaum weiß man wie.
Die hohen Flammen flackten,
die Stimmen schwirrten,
wirre Lieder klirrten aus Glas und Glanz,
und endlich aus den reifgewordnen Takten:
entsprang der Tanz.
Und alle riss er hin.

*Rainer Maria Rilke*

## Zum Weiterleben

**Frag dich hier und da mal selbst,
was tanzen kann in deinem Leben.**

**Was hätte das Potenzial, zu einem Fest zu werden?
Für dich persönlich.**

**Was kommt für dich daher wie das Brot des Alltags
und wird dann zum Festmahl?**

**Was kommt für dich daher wie der schlichte Wein
und hat doch die Macht, dein Leben zu bereichern?**

**Lass dich doch einladen!**

## Wegmarken

Unser Leben ist eine Abfolge von Ereignissen. Von unserer Geburt bis zum Tod reißen sie nicht ab. Der erste Atemzug, der erste Schritt, die Taufe, das erste Auto, die Hochzeit. Solche Momente sind nicht nur eine Aneinanderreihung von Stationen, die man halt irgendwie abhaken muss. Sie sind Wegmarken eines Wachstumsweges. Und Wachstum, das wissen wir ja, gelingt nicht immer ohne Wachstumsschmerz. Es macht aber unglaublich stolz, wenn man rückblickend sagen kann, dass man selbst „gewachsen" ist.

Stationen des Lebens

# LEBENSEREIGNISSE

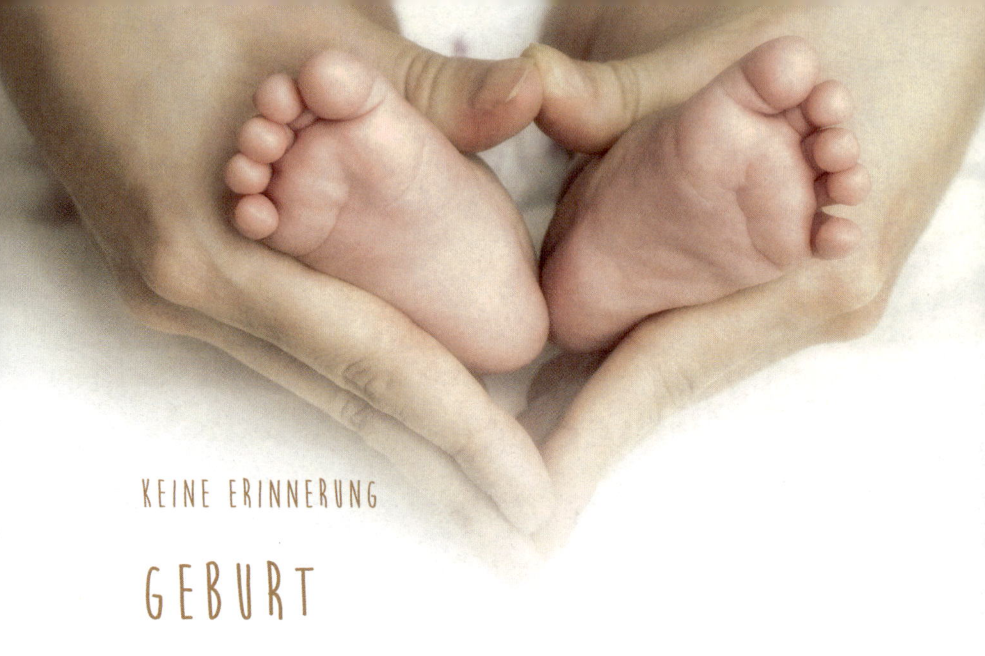

KEINE ERINNERUNG

# GEBURT

Verrückte Sache. Wir selbst können uns an nichts erinnern. Alle Welt sagt uns später, wie sehr man sich über uns gefreut hat, am Tag unserer Geburt. Wie eine Mutter erschöpft und von Schmerzen gezeichnet ihr Kind anlächelte. Wie der toughste Vater mit Tränen in den Augen dieses kleine Paket in den Armen hielt. Wie Großeltern heilfroh waren und ihre Lebensernte einfuhren im Wissen und Erkennen, dass nun alles Sinn und Zukunft hat. Wie man uns dann aus dem Krankenhaus mit nach Hause nahm und ein „Willkommen"-Schild die Tür zierte. Wie Familie, Freunde und Bekannte unsere Ankunft mit einem fröhlichen Fest feierten.

Das alles mag uns froh und dankbar stimmen. Es hilft uns aber scheinbar nicht weiter, wenn das Leben uns gerade mal wieder seine unbarmherzige Härte zeigt. In der Tat, es stimmt: Uns hat keiner gefragt, ob wir dieses Leben wollten. Aber man hat uns ein unendlich wertvolles Kapital mitgegeben: Das Leben. Die Freiheit. Die Liebe. Und die Gewissheit, dass wir gewollt sind. Es haben Menschen „Ja" zu uns gesagt. Das ist ein Schatz für unser ganzes Leben.

## Ungefragt

**„Hey“ , höre ich ihn sagen,**
**„gefragt hat mich keiner!“**
**Das stimmt.**

**Wir wurden nicht gefragt.**
**Wir wurden einfach geboren.**
**Man hat uns das Leben zugemutet.**
**Rückfragen? Nicht möglich!**
**Wir wurden nicht gefragt.**
**Keiner von uns, zu keiner Zeit.**

**Gott aber sagte „Ja“.**
**„Hey“, sage ich, „das muss reichen!“**
**Und es reicht!**

## Zum Weiterleben

Ein uneingeschränktes „Ja“ steht am Beginn eines jeden Lebens. Leider macht die Lautstärke des Alltags dieses „Ja“ oft unhörbar. Dabei tut ein solcher Zuspruch uns allen gut. Seien wir verschwenderisch mit Komplimenten. Sagen wir lieben Menschen: „Es ist gut, dass es dich gibt!“ – So wird in vielen kleinen Gesten und Worten das große „Ja“ erneuert.

## Tanz in die lebenslange Zweisamkeit

# Hochzeit

Wenn ich zurückblicke, habe ich die Vorbereitung auf unsere Hochzeit und die anschließende Feier sehr genossen. Doch eine Sache lag mir im Magen: Ich bin kein guter Tänzer! Auch der ehefraulich zwangsverordnete Crashkurs für den Hochzeitstanz hat daran nichts geändert.

Es ist nicht so, dass ich es nicht gern könnte. Aber es gelingt mir einfach nicht. Ich fühle mich dabei eher wie ein tapsiger „Tanzbär", als dass ich die Leichtigkeit des Tanzes spüren würde.

Dem großen Kirchenlehrer Augustinus wird der Satz zugeschrieben: „Mensch, lerne tanzen! Sonst wissen die Engel im Himmel mit dir nichts anzufangen!" – Ein schönes Bild, das mir völlig einleuchtet. Doch es hilft nichts: Ich habe kein Talent zum Tanzen.

Wenn ich Menschen beim Tanzen beobachte, merke ich, dass Tanz oft mehr ist als einstudierte Bewegungen und Bewegungsabläufe. Tanzen verleiht Gefühlen Ausdruck, ist nicht selten Ritual und Therapie, ist auf jeden Fall mehr als bloßer Zeitvertreib. Mir fehlt sie oft, diese Leichtigkeit im Leben, die ein Tanz zum Ausdruck bringt. Das Tanzen werde ich vermutlich auch in diesem Jahr nicht lernen. Aber: Ich will mich dennoch weiter darin üben, mit meiner Frau im gleichen Takt zu schwingen.

## Zum Weiterdenken

Wenn der gemeinsame Tanz des Lebens einmal ins Stocken gerät, dann geht es an das sprichwörtliche Eingemachte. Will also meinen: Es muss an die Vorräte gegangen werden. Das sind Erfahrungen, Erinnerungen, Überzeugungen, die den gemeinsamen Lebensweg ausmachen und geprägt haben. Hochzeiten müssen sich vor allem in Tiefzeiten bewähren. Gemeinsam kann man dann den zaghaften Versuch wagen, sich in das Tänzerische neu einzuüben, damit am Ende in der Ehe nicht nur Ernüchterung bleibt, die uns sprachlos und starr zurücklässt.

### Bilanz einer ehelichen Ernüchterung

**PASSIVA – VERLORENGEGANGENES**

**Die Liebe.**
**Das Interesse.**
**Die Achtung.**
**Die Neugierde.**
**Die Offenheit.**
**Das Verstehen.**
**Das Mitleid.**
**Die Gemeinsamkeit.**

**AKTIVA – HINZUGEWONNENES**

**Alltag.**
**Tristesse.**
**Langeweile.**
**Ernüchterung.**
**Verletzung.**
**Enttäuschung.**

**Wie es passieren konnte?**
**Man weiß es nicht.**
**Plötzlich war es so.**
**Keiner hatte es gewollt.**

**Und dann sitzen wir einfach so da**
**und sind sprachlos.**

**Vielleicht gelingt ein Aktiv-Passiv-**
**Tausch.**

## Zum Weiterleben

Es ist eine gute Übung, hier und da in unserer Partnerschaft die Vorräte, das „Eingemachte" aufzufüllen. Das geht dann besonders gut, wenn es auch etwas zum Einmachen gibt. Lasst uns doch viel öfter erzählen, was uns zum Tanzen bringt, was uns am anderen erfreut. Lasst uns Geschichten erzählen und Geschichte schreiben. Lasst uns zurücksehen und vorwärts schauen. Lasst uns mal wieder einen Tanzkurs machen.

Es muss aber nicht zwingend getanzt werden. Wichtig wäre, dass einer den anderen auffordert!

OFFENE WUNDEN

# LEIDENSZEITEN

Meine Lieblingskirche ist für mich ein besonderer Ort. Diese Kirche zeigt ihre Wunden. Bis heute. Ihr eingeschlämmtes Mauerwerk erzählt von der Zerstörung der Kirche in den letzten Kriegstagen im Februar 1945. Keine Frage: Nicht jeder mag diese Narben.

Tatsächlich ist der Kirchenraum eine Zumutung für ein Auge, das den perfekten Design-Hochglanz öffentlicher Räume von heute gewöhnt ist. Aber hier wurde die Not zur Tugend gemacht. Gerade diese „offenen Wunden" der Kriegstage haben hier immer wieder Christen dazu ermutigt, auch mit der Kirche nicht fertig zu sein, nicht fertig zu werden. In den späten 1960er-Jahren haben daher Jugendliche mit viel Engagement den Schutt aus der Kirche gefahren. Aus der letzten Schubkarre Ziegelsteine mauerten sie einen Altar und feierten den ersten Gottesdienst nach Kriegsende in der Kirche. Lange Zeit lockten Gottesdienste mit kritischen Themen die Menschen in diese Kirche. Für den ländlichen Niederrhein war mancher dieser politisierten Gottesdienste fast schon ein Happening.

Die Menschen dort wollen mit ihrer Kirche nicht fertig sein. Wir schätzen und leben sie so, wie das Kirchengebäude sich präsentiert: unfertig, fragmentarisch und manchmal auch verletzt. Wo Wunden offen gezeigt werden, wo sie nicht weggeschminkt und versteckt werden, da werden mehr Fragen gestellt als Antworten serviert.

Ich wünsche mir eine solche Erfahrung für mein Leben sehr. Ich wünsche mir den Mut, mit meinen Verletzungen und Verwundungen zu leben und zu ihnen zu stehen.

## Zum Weiterdenken

„Mut zur Wunde", das ist ein Slogan, der gewagt ist. Wer zu seinen Wunden steht, macht sich angreifbar und verletzbar. Ob ich diesen Mut immer hatte? Ob ich ihn in Zukunft immer haben werde? Eher unwahrscheinlich! Ich denke aber, es kann hier und da guttun, sich der Wundpflege zu widmen.

**Wir fragen das so einfach.**
**Es klingt so harmlos.**
**Dabei ist vieles alles andere als harmlos und einfach.**

**Den meisten von uns geht es nämlich nicht immer gut.**
**Viele verbergen hinter dem Lachen ein Weinen.**
**Hinter der Heiterkeit die Verletzung.**
**Hinter der Fassade so manche Baustelle.**

**Und antworten doch:**
**„Gut. Danke!"**

**Und Wunden werden versteckt.**
**Und Tränen überschminkt.**
**Und Trauer überlacht.**

**Wie geht es so?**

# Zum Weiterleben

In letzter Zeit bekommt eine Zusatzqualifikation im medizinischen Bereich immer mehr Bedeutung: das sogenannte Wundmanagement. Es geht bei dieser Fortbildung um die Beurteilung, Reinigung und Versorgung von Wunden. Wie nötig diese Fertigkeit doch auch im übertragenen Sinne für uns Menschen ist! Wenn wir eine Gesellschaft fordern, in der jeder ohne Angst seine Wunden zeigen können soll, dann brauchen wir auch eine Kultur der Versorgung von Wunden. Da geht es erst mal nicht um Heilung, sondern um echte Sorge. Jesus macht uns übrigens vor, wie man guter Wundmanager ist: im Evangelium von den Jüngern auf der Flucht nach Emmaus. Er geht den fantastischen Dreierschritt:

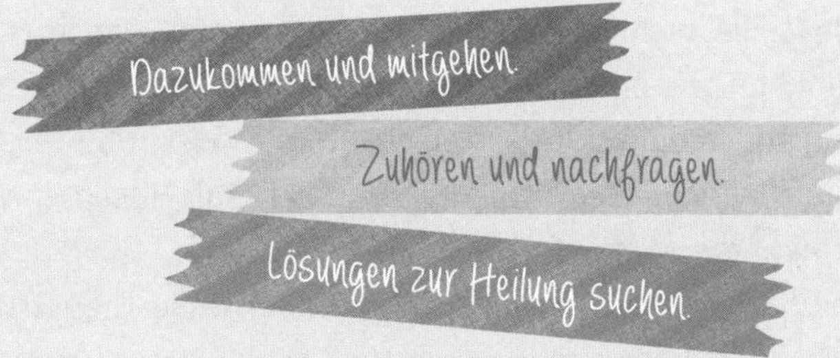


Die Fortbildung kann eigentlich sofort beginnen.
Die Lektion steht im Lukasevangelium, Kapitel 24, Vers 13 bis 35.

HEIMAT

# NACH HAUSE KOMMEN

Kennen Sie Ditz Atrops? Falls nein, besteht eine hohe Wahrscheinlichkeit, dass Sie nicht aus der Gegend stammen, die links vom Rhein beginnt und da endet, wo Holland anfängt. Ditz Atrops ist meine liebste niederrheinische Persönlichkeit, die der große Poet dieser Region im Westen Deutschlands, Hanns Dieter Hüsch, in vielen seiner Erzählungen zeichnet.

Ditz Atrops hatte einen Lieblingsort, wie auch viele Niederrheiner einen Lieblingsort haben; denn dem Niederrheiner sagt man unter anderem nach, er sei bodenständig und in seiner Heimat verwurzelt. Ditz Atrops' Lieblingsort war die Theke von Hein Lindemann. Dort philosophierte er über „Gott und die Welt". Dort schwang er hier und da (wie Hüsch schreibt) „große Reden". Dort war Heimat. Hein Lindemanns Theke ist mir übrigens sehr nah.

Genauso kann ich mich in Ditz Atrops hineinversetzen. Warum dies so ist? Vielleicht, weil auch in meinen Adern niederrheinisches Blut fließt und ich sehr heimatverbunden bin. Seit Studientagen komme ich gerne nach Hause. Etwas Abstand zu dieser Heimat habe ich gebraucht, um sie noch mehr schätzen zu lernen.

Von Ditz Atrops berichtet Hüsch, er habe an Hein Lindemanns Theke eines Abends verkündet, er wolle unauffindbar sein, damit er seine völlig Ruhe habe. Davon habe er schon als Kind geträumt: Am unteren Niederrhein möchte er unauffindbar sein.
Ich will dieses „Unauffindbarsein" hier und da üben. Vielleicht brauche ich diesen Abstand vom Tellerrand hin und wieder, um zu sehen, was ihm unverlierbar, und damit Heimat ist.

## Zum Weiterdenken

Eines der Bücher meiner Kindheit ist Janoschs „Oh, wie schön ist Panama". Man erinnere sich an die Handlung: Der kleine Bär und der kleine Tiger machen sich auf den Weg: Was sie suchen? Sie suchen Panama, das Land ihrer Sehnsucht. Ob es Abenteuerlust ist oder Neugierde ... keine Ahnung! Sie verlassen aber das, was sie bisher Heimat nannten. Das Schicksal hat Ironie und so kommen sie (nachdem sie unwissentlich im Kreis gelaufen sind) am Ende wieder in ihrer alten Heimat an und entdecken dort für sich das Paradies, das Land ihrer Träume. Manchmal braucht es einen Tapetenwechsel. Manchmal braucht es etwas Abstand, um zu erkennen, was uns Heimat ist.

**Das Land deiner Träume**
**riecht nach Leben.**
**Das Land deiner Träume**
**bietet dir Geborgenheit.**
**Das Land deiner Träume**
**hat noch Platz für echtes Leben.**
**Das Land deiner Träume ...**
**nicht da, wo Milch und Honig fließen!**

**Das Land deiner Träume:**
**Da, wo du verstanden wirst!**
**Da, wo du verstehst!**
**Da, wo du nichts erklären musst.**

**Unbezahlbar das Gefühl:**
**Nach Hause kommen!**

## Zum Weiterleben

Stellen Sie es sich einfach mal vor: Sie sind an dem Ort Ihrer Träume. Ob es ihn wirklich gibt oder gab, das wissen nur Sie. Es ist auch nicht von Bedeutung. Wichtig ist:

- Wo sind Sie?
- Warum sind Sie dort?
- Mit wem sind Sie dort?
- Was tun Sie dort?
- Wen wünschen Sie sich dorthin?
- Was haben Sie dort vor?
- Was sind dort Ihre Träume?

Schreiben Sie doch einfach mal eine Ansichtskarte vom Ort Ihrer Träume. Wo ist Ihr Panama?

ZEIT FÜR EXPERIMENTE

# BETEN

Aus meinem Bürofenster schaue ich täglich auf unzählige Kerzen, die von den Menschen Tag für Tag an der Außenseite der Kerzenkapelle entzündet werden. Abends dann bietet sich mir eine eindrucksvolle Lichtkulisse. Aber: Es ist keine Kerzenromantik, die dieses Bild ausstrahlt. Es ist mehr als das.
Als Seelsorger komme ich oft, vielfach ungeplant und ganz beiläufig, mit Menschen ins Gespräch. Sie kommen, weil sie hier an diesem Wallfahrtsort etwas abladen wollen. Diesen unsichtbaren Rucksack mit Ballast tragen viele auf dem Rücken. Es sind oft Menschen, die wenig mit unseren Pfarrgemeinden und Gottesdiensten am Hut haben. Sie sagen mir dann, dass sie hier so etwas versuchen können, wie zu beten. Eine Frau sagte mir einmal: „Ich kann nicht beten. Aber hier experimentiere ich schon mal rum!“ Ich finde, das ist ein berührendes und tolles Bild. Ein Kompliment für unseren Wallfahrtsort ist es allemal. Was trifft es besser, als „Experimentier-Ort des Gebetes“ zu sein?
Und so schaut man an jedem Abend in diesem Lichtermeer auf unzählige Experimente. Mit jeder Kerze haben Menschen es probiert, ihre Sorgen und Anliegen, ihre Nöte und Schmerzen, aber auch ihren Dank in ein Gebet zu legen.
„Ob es hilft?“, fragen manche Leute sich in Selbstzweifeln. Eine Frau sagte mir einmal als Antwort: „Das tut es gerade bereits! Wir reden drüber!“

## Zum Weiterdenken

### Herzensgebet

Wie viele Schritte heute gegangen
Nur mit den Füßen
Nicht mit dem Herzen?

Wie oft heute aufgestanden
Nur mit den Beinen
Nicht mit dem Herzen?

Welche Arbeiten heute getan
Nur mit den Händen
Nicht mit dem Herzen?

Was für Worte heute gesagt
Nur mit dem Mund
Nicht mit dem Herzen?

Wen heute angeblickt
Nur mit den Augen
Nicht mit dem Herzen?

Gott, du Heiler,
du zärtliche Lebenskraft,
rühr an unsre Herzen
und bring sie zum Schlagen,
in unseren Füßen, Beinen, Händen,
in unseren Mündern, unseren Augen.
Rühr du uns an und
bring dich zum Schlagen
in unserem Leben.

Gott, du Heiler,
du zärtliche Lebenskraft,
sei du unser Herz-Schritt-Macher
bei allem, was wir tun.

*Lucia Traut*

## Zum Weiterleben

In fast jeder Kirche gibt es Orte, an denen man Kerzen entzünden kann. Es ist eine Einladung an alle Menschen. Jeder ist gern gesehen. Es gibt, so danken wir Gott, dort keine Taufscheinkontrolle, keinen Glaubenstest. So werden unsere Kirchen zu Experimentierfeldern für unseren Glauben und für das Gebet. Probieren Sie es doch auch noch mal aus!

DEM INNEREN FEIND
DEN KAMPF ANSAGEN

# ANGST

„Ach wie gut, dass niemand weiß ...“ – erkennen Sie es? Das Märchen von den Gebrüdern Grimm? Für teures Geld engagierte man Berater, Wissenschaftler und Experten, die den Namen des kleinen Männleins herausfinden sollten. Doch alle Namen, die sie nannten, waren falsch. Der dritte und letzte Tag des Ultimatums brach an und einer der Berater sagte: „Neue Namen habe ich keine mehr gefunden. Aber ich traf auf ein völlig entlegenes Haus, von Gott und aller Welt verlassen, und davor sprang ein Knirps auf einem Bein herum und schrie:

**„Heute back ich, morgen brau ich,**
**übermorgen hol ich der Königin ihr Kind,**
**ach, wie gut, dass niemand weiß,**
**dass ich Rumpelstilzchen heiß!“**

So geht das Märchen letztlich doch noch gut aus. In seinem Zorn reißt es Rumpelstilzchen am Ende buchstäblich auseinander.
Manchmal ist es im Leben wichtig, die Namen unserer Feinde und unserer ureigenen Ängste zu kennen: zum Beispiel Stolz, Neid, Missgunst, Dominanz und wie sie alle heißen mögen. Einige dieser Namen werden wir schnell nennen können, andere sind uns bekannt, aber wir trauen uns nicht an sie heran, wieder andere schlummern im Unterbewusstsein.

Gott kennt die Namen unserer persönlichen Feinde. Vor ihm brauchen wir unsere Ängste nicht zu verbergen. Wir können also auf die Suche nach unseren kleinen und großen Feinden gehen und wir sind aufgefordert, sie zu identifizieren.

## Zum Weiterdenken

Angst ist ein großer Scheinriese. Wenn man diesem Riesen Beachtung schenkt, so wächst er heran und bekommt Macht über uns. Dabei können wir viele Ängste selber verjagen – vielleicht mit diesem Rezept:

**Jage die Ängste fort**
**Und die Angst vor den Ängsten.**
**Für die paar Jahre**
**Wird wohl alles noch reichen.**
**Das Brot im Kasten**
**Und der Anzug im Schrank.**

**Sage nicht mein.**
**Es ist dir alles geliehen.**
**Lebe auf Zeit und sieh,**
**Wie wenig du brauchst.**
**Richte dich ein.**
**Und halte den Koffer bereit.**

**Es ist wahr, was sie sagen:**
**Was kommen muß, kommt.**
**Geh dem Leid nicht entgegen.**
**Und ist es da,**
**Sieh ihm still ins Gesicht.**
**Es ist vergänglich wie Glück.**

**Erwarte nichts.**
**Und hüte besorgt dein Geheimnis.**
**Auch der Bruder verrät,**
**Geht es um dich oder ihn.**
**Dein eignen Schatten nimm**
**Zum Weggefährten.**

**Feg deine Stube wohl.**
**Und tausche den Gruß mit dem Nachbarn.**
**Flicke heiter den Zaun**
**Und auch die Glocke am Tor.**
**Die Wunde in dir halte wach**
**Unter dem Dach im Einstweilen.**

**Zerreiß deine Pläne. Sei klug**
**Und halte dich an Wunder.**
**Sie sind lang schon verzeichnet**
**Im großen Plan.**
**Jage die Ängste fort**
**Und die Angst vor den Ängsten.**

*Mascha Kaléko*

## Zum Weiterleben

Die Dichterin Mascha Kaléko ermutigt uns, hier und da unsere Pläne zu zerreißen. Wir sollen klug sein und uns an Wunder halten. Natürlich: Damit allein kommen wir nicht durchs Leben und wenn, dann nur mit verdammt viel Glück. Nur darauf zu setzen, wäre äußerst unklug. Aber: Jeder kennt doch Bereiche in seinem Leben, in denen er von Angst regiert wird und in seinem Kopf unzählige Planspiele ausarbeitet, die die Energie für anderes nehmen. Hier und da will ich mich versuchen, diese Pläne zu zerreißen und mich an Wunder zu halten. Vielleicht identifiziere ich dabei ja einen meiner Feinde und schlage ihn in die Flucht. Wer weiß!

JENSEITS DER TRÄNENGRENZE

# ZEITEN DER KRANKHEIT

Wenn ich ehrlich bin: Ich war nie ein „tapferer Löwe“. Ich habe es auch nie verstanden, warum es erstrebenswert sein soll, möglichst unverwundbar zu sein. Schon beim Kinderarzt habe ich mich nicht mit dem Griff in die Kiste für die besonders tapferen kleinen Patienten locken lassen. Ich stehe seit Kindertagen mit Schmerzen und Krankheit auf Kriegsfuß. Zugleich kann ich sagen, dass ich bisher um wirklich große Leiderfahrungen und Krankheiten herumgekommen bin. In meinem Umfeld aber hat das Schicksal manchmal ganz schön zugeschlagen. Ich gehe dem Leid am liebsten aus dem Weg.

Sicher: Die üblichen Floskeln hat jeder irgendwann drauf: „Das wird schon wieder werden!“ – „Kommt Zeit, kommt Rat!“ – „Alles wird gut!“ Aber dabei wissen wir auch immer, dass eben manchmal nicht alles wieder wird, die Zeit nicht alle Wunden heilt und eben manches nie mehr wieder gut wird. Dieses Wissen macht mich, den sonst so Wortgewandten, sprachlos und unsicher. Es ist, als gäbe es da eine unsichtbare Grenze, die Tränengrenze, in mir. Irgendeine innere Macht hält mich mit Gewalt davon ab, auch nur annähernd an diese Grenze heranzukommen. Es ist die Grenze, hinter der sich Krankheiten, Schmerzen und Leiden befinden.

Ich weiß, dass der Wunsch, jenseits dieser Grenze zu bleiben, nichts taugt. Deshalb wünsche ich mir mehr Kraft, zum Grenzgänger zu werden; für mich und für andere Menschen.

## Zum Weiterdenken

### Vorsichtige Bitten

**Dass wir im Fallen an das Aufstehen denken können.**
**Dass wir im Leiden die Hoffnungsspeicher randvoll geladen haben.**
**Dass wir im Verrücktwerden Orientierung finden.**
**Dass wir im tiefen und kalten Winter den Frühling riechen.**
**Dass wir unsere Tränengrenzen überwinden können.**
**Dass wir unserer Trauer trauen lernen.**
**Das wir im Sterben das Leben finden werden.**

## Zum Weiterleben

Wir reden so oft über Banalitäten. Ein lockerer Smalltalk hier, ein witziger Spruch da. Logisch: Über wichtige Themen, bei denen man sich angreifbar und verletzbar macht, spricht man nicht mit jedermann und an jedem Ort. Ist es dann nicht sinnvoll, wenn wir die Menschen suchen, zu denen wir das nötige Vertrauen haben? Ist es dann nicht sinnvoll, wenn wir Orte schaffen, an denen ein Gespräch über die wichtigen, die schmerzhaften Dinge möglich ist? Wir brauchen die Auseinandersetzung mit unseren Tränengrenzen … nicht zuletzt, damit wir den Mut haben, zum Grenzgänger zu werden.

„ADIEU"

# MOMENTE DES ABSCHIEDS

Abschiedsszenen im Film konnte ich mir noch nie gut ansehen. Im Kino führen sie in den meisten Fällen dazu, dass die Taschentücher gezückt werden. Heruntergebrochen auf mein Leben, habe ich schon einige Abschiede hinter mir. Es fängt mit dem Abschiednehmen von Kindergarten- und Schulzeit an – und den Personen, die mir in dieser Zeit wichtig waren. Es geht weiter an der Schwelle zu Ausbildung, Studium und zu meinen ersten Arbeitsstellen und -orten. Es beinhaltet sicher auch den ersten Abschied vom Elternhaus und dem „Kinderzimmer". Auch den einen oder anderen Freund musste ich ziehen lassen. Dazu kommt die Liste derer, die sich aus dieser Welt in die Ewigkeit verabschiedet haben. Sie wächst mit der Zunahme meines Lebensalters. Täglich nehme ich unzählige Male Abschied und kann nie sicher sein, ob wir uns gesund wiedersehen. Das Seil ist dünn und das Leben zerbrechlich.
Ich persönlich bin kein Fan großer Abschiede. Ich mache es meistens kurz und schmerzlos. Ich verpacke in dieser Haltung meine eigenen Probleme mit dem Abschiednehmen. Andere machen es anders. Sie planen den Abschied, nehmen sich Zeit und Raum, um sich damit auseinanderzusetzen.
Weggehen können und dennoch Wurzeln haben. Darauf kommt es bei den meisten Abschieden an.

## Zum Weiterdenken

**Du musst aufbrechen können,
aber trotzdem Heimat haben.**

**Du musst neu anfangen können,
aber trotzdem deine Geschichte pflegen.**

**Du musst Antworten finden,
aber trotzdem die Fragen lieben.**

**Du musst Erinnerung üben,
aber trotzdem nicht traurig bleiben.**

**Du musst dich trainieren im
„Sowohl-als-auch“.**

## Zum Weiterleben

Es gibt Abschiede, die auch nach langer Zeit noch schmerzen. Schauen wir doch einmal genauer darauf, welche Abschiede es sind:

- Kaufen Sie sich ein leeres Heft.
- Denken Sie einen Tag lang nach.
- Durchsuchen Sie Ihre Erinnerung nach Abschieden – ob durch Tod, räumliche Trennung, Streit, Entfremdung, Zufall … egal!
- Schreiben Sie die Namen derjenigen auf, von denen Sie sich verabschieden mussten.
- Gönnen Sie jedem eine Seite.
- Nach einer Weile dann: Schreiben Sie die Abschiedsgeschichte auf.
- Und: Fragen Sie sich, mit welcher dieser Geschichten Sie noch nicht fertig sind.

ÜBER DAS ENDE NACHDENKEN

# TOD

Man macht sich in der Regel in jungen Jahren wenig Gedanken über den Tod. Hier und da kommen die Einschläge näher, stirbt ein lieber Mensch. Einige gehen viel zu früh, andere nach einer erfüllten und langen Lebenszeit auf der Erde.

Man selbst kommt in den Szenarien äußerst selten von. Man lässt es einfach nicht an sich heran. Wenn man diese Gedanken aber doch einmal zulässt, dann fragt man sich schon: Welcher Tod ist eigentlich der beste? Wie würde ich mir mein persönliches „Finale" wünschen?

Ein plötzlicher Tod erspart mir das Leiden und den Menschen um mich herum vielleicht das lange Mitleiden und Abschiednehmen. Aber: Es fehlt die Zeit, noch letzte Dinge zu regeln, letzte Worte zu sagen. Eine längere Phase des Abschiednehmens gibt mir diesem Raum und diese Möglichkeiten. Aber: Will ich mir und anderen das antun?

Ich bin nicht „tod-sicher".

Sicher bin ich unsicher.
Warum auch nicht?

Ich bin nicht sicher in Sachen
Tod und Grab,
Sterben und Vergehen.

Ich bin kein Fachmann –
nicht für die letzten Dinge,
nicht für das Finale.

Ich bin nicht sicher und male mir den Tod nur aus.
Mal in Hellgrau.
Mal in Dunkelgrau.
Mal in Tiefschwarz.
Mal überraschend hell und freundlich.

Mal bin ich mutig und sage mir:
„Es wird!“
Dann bin ich hilflos und frage mich:
„Was wird?“

Mal sage ich Floskeln wie:
„Es hat noch jeder geschafft!“
Und: „Keiner ist zurückgekommen!“

**Dann wieder lese ich vom**
**„Ewigen Licht".**

**Und so manches Mal drehe ich mich dann in der Nacht um**
**und wage ein zaghaftes Wort an Gott:**
**„Sicher bin ich unsicher!"**

## Zum Weiterleben

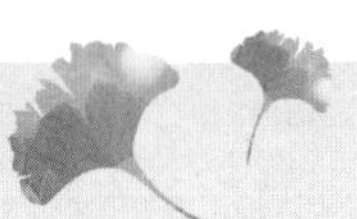

Ich mache mir ungern Gedanken über Dinge, die ich ohnehin nicht ändern kann. So ist das auch mit dem Tod. Auf der anderen Seite aber mache ich mir liebend gern und mit großem Aufwand Gedanken über Dinge, die ich ändern kann. Und so kann eine abendliche Denkaufgabe ganz hilfreich sein. Wie ich sterben will, das kann ich mir ohnehin nur wünschen. Aber: Wie ich *nicht* sterben will, darauf habe ich vielleicht Einfluss.

- Ich beispielsweise mag nicht allein sein. Also ist es für mich Lebensaufgabe, jetzt und hier für gute Freundschaften und Beziehungen zu sorgen.
- Ich möchte das Gefühl haben, dass ich viele meiner Baustellen aufgeräumt habe. Also ist es für mich Lebensaufgabe, keine großen Aufgaben und Herausforderungen vor mir herzuschieben.
- Ich möchte alten Groll begraben haben. Also ist es meine Lebensaufgabe, die Hand lieber einmal mehr zur Versöhnung zu reichen.
- Ich merke: Die meisten Todesgedanken bergen Lebensaufgaben in sich!

Unsere Tage zu zählen, lehre uns!
Dann gewinnen wir ein weises Herz.

Sättige uns am Morgen mit deiner Huld!
Dann wollen wir jubeln und uns freuen all unsre Tage.

Güte und Schönheit des Herrn, unseres Gottes, sei über uns!
Lass gedeihen das Werk unserer Hände,
ja, das Werk unserer Hände lass gedeihen!

*Psalm 90,12.14.17*

## Reizvoller Wechsel

Auch der Jahreslauf führt uns die nicht zu stoppende Dynamik des „Immer weiter“ unseres Lebens vor Augen. Gerade noch haben wir die langen, hellen Sommerabende draußen genossen, schon fällt das Laub und es wird plötzlich so früh dunkel. „Kinder, wie die Zeit vergeht!“ hören wir uns selbst oft sagen. Und doch gilt: Wie langweilig wäre es, würden wir nur im Sommer leben? Jede Jahreszeit hat ihren je eigenen Reiz, wie auch unsere Lebens-Zeiten ihre eigene Prägung haben.

# Die Jahresuhr steht nicht still

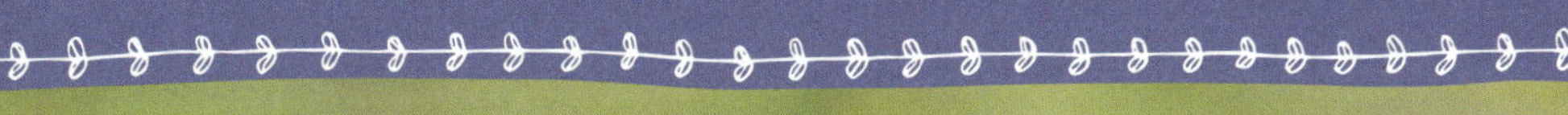

## DIE VIER JAHRESZEITEN

DAS LEBEN ERWACHT

# FRÜHLING

Wie geht es Ihnen? Am Ende eines langen Winters bin ich es einfach leid. Ich kann das trübe Grau nicht mehr sehen. Ich bin das ständige Anziehen von dicker und wasserfester Kleidung leid. Ich bin es leid, wenn man ständig den Matsch in die Wohnung trägt und den Wischmopp quasi nicht aus der Hand legt.

Wenn ich es gar nicht mehr aushalte, dann beginne ich mit einer Art Kampfansage, auch wenn es noch deutlich zu früh erscheint und der Winter noch gar nicht überstanden ist. Ich beginne an einem halbwegs trockenen und nicht zu kühlen Tag damit, Frühlingsvorbereitungen zu treffen: Ich stelle alle Gartenmöbel im Garten auf. Wasche Stühle und Tische ab. Entferne das Laub von den Beeten, das Pflanzen und Getier über den Winter Schutz vor Kälte bot.

Wenn das noch nicht gegen den Winterblues reicht, setze ich mich ins Auto und fahre ins nächste Gartencenter. Gott sei Dank, so kann ich in diesem Fall sagen, ist man dort auch immer etwas der Zeit voraus. So bade ich für eine kleine Weile im Duft von Stiefmütterchen und Primeln. Zum Glücklichsein reicht das in den allermeisten Fällen. Und dann ist es auch gar nicht mehr weit, bis es wirklich Frühling wird. Ich bin jedenfalls bereit …

**Das müsste sein von jenen blanken**
**Lenztagen einer, da die Kranken**
**man vor die dunklen Türen bringt.**
**Im Flieder ist ein Spatzenzanken,**
**weil keinem rechter Sang gelingt.**
**Der Bach, dem alle Bande sanken,**
**weiß nicht, was tun vor Glück, und springt**
**bis aufwärts zu den Bretterplanken,**
**dahinter Beete, kiesumringt,**
**und Blumenblühn und Birkenschwanken.**
**Und vor dem Häuschen, goldbezinkt,**
**um das der Frühling seine Ranken**
**wie liebeleise Arme schlingt –**
**ein blondes Kind, das in Gedanken**
**das schönste meiner Lieder singt.**

*Rainer Maria Rilke*

## Zum Weiterleben

Zu keiner Zeit des Jahres macht mir mein Garten, machen mir Parks und Grünflächen mehr Freude als im Frühjahr. Jeden Tag gibt es etwas Neues zu entdecken: die ersten Krokusse, die Spitzen der Tulpen, die sich jeden Tag ein wenig weiter aus der Erde schieben, die Knospen am Forsythienstrauch, die sich allmählich gelb färben und dann aufgehen, das zarte Grün an den Bäumen ... Es fasziniert mich jedes Jahr aufs Neue, wie die Natur zum Leben erwacht. Sie braucht dafür scheinbar nicht viel – nur das Licht und ein wenig Wärme der Frühjahrssonne. Gehen Sie hinaus, wenn die ersten Sonnenstrahlen den Winter vertreiben. Machen Sie sich auf die Suche nach den Frühlingsboten, sei es im Park, im Wald, auf dem Friedhof oder in den Vorgärten der Nachbarn. Erfreuen Sie sich an den Farben. Noch schöner ist es, selbst aktiv zu werden: Kaufen Sie ein Tütchen mit Wiesenblumen und verstreuen Sie die Samen auf dem Randstreifen neben der viel befahrenen Straße. Damit können Sie nicht nur sich, sondern auch viele andere glücklich machen, die auf dieser Straße täglich im Stau stehen.

Der Frühling hat eine erlösende Kraft.

*Wilhelm Busch*

„Zum Teufel mit der Wetter-App!"

# SOMMER

Ich bin sehr sommerkompatibel. Ich mag es, wenn die Sonne scheint. Ich mag angenehme Temperaturen und kurze Hosen mag ich auch. Ich mag es, an lauen Sommerabenden auf der Terrasse zu sitzen, die sich ausbreitende Dämmerung zu beobachten und eine Feierabendpfeife zu rauchen. Ich mag die sommerliche Zeit im Garten. Wenn die Blütenpracht zu Höchstform aufläuft und die Früchte voll und rot werden. Die Zeit, in der ich morgens mit einem leeren Korb in den Garten gehe und die Zutaten für das Essen selber ernten kann.

Aber es gibt auch die Kehrseite der Medaille. Nicht alle Tage können Sommersonnentage sein. Das gilt auf jeden Fall für die Natur. Was wären unsere Felder, Blumen, Wälder ohne den notwendigen Regen? Wahrscheinlich karge und staubige Steppenlandschaften. Und so werden regelmäßig nach langen Trockenphasen die Stimmen laut, die sich den Regen herbeiwünschen und ersehnen. Also versuche ich, den meteorologischen Tiefdruckgebieten im Sommer ihr Gutes abzugewinnen: Wenn der Wetterbericht mir mal wieder ein Regentief ankündigt, will ich mich in drei Worte einüben:

So sei es!

Könnte ich in den Erdball beißen
Und kosten, ob er schmeckt,
Und wäre die Erde etwas zum Beißen,
Wäre ich für einen Augenblick glücklicher …
Aber ich will gar nicht immerzu glücklich sein,
Dann und wann muss man unglücklich sein,
Damit man natürlich sein kann …
Nicht alle Tage sind Sonnentage,
Und den Regen, bleibt er lange aus, wünscht man herbei.
Darum nehme ich Glück und Unglück als naturgegeben hin,
Wie einer, den nicht wundert,
Dass es Berge gibt und Ebenen
Und Felsen und Gras …

Natürlich muss man sein und still
Im Glück wie im Unglück,
Fühlen wie einer, der sieht,
Denken wie einer, der geht,
Und wenn es zum Sterben kommt, sich erinnern,
Dass auch der Tag stirbt
Und auch die verlöschende Sonne schön ist und
Schön die Nacht, die sich einstellt …

So ist es und so sei es …

*Fernando Pessoa*

## Zum Weiterleben

Ich erinnere mich durchaus gerne an Anlässe zurück, die völlig ins Wasser gefallen sind. Zum Beispiel das große Kindergartenfest meiner Tochter. Bühne, Grill-, Kuchen- und Spielstände waren aufgebaut. Eine Band spielte Musik. Aber: Es kübelte Bindfäden vom Himmel. Natürlich war da niemand, der sich nicht über das Wetter aufgeregt hätte. Jeder, der da war, wünschte sich wohl einen gnädigeren Petrus. Und dennoch: In den Ständen sah man von Stunde zu Stunde amüsiertere Väter und Mütter am Grill, an der Zuckerwattenmaschine und beim Dosenwerfen. Man hatte irgendwann den Punkt der inneren Aufregung überwunden und sich damit abgefunden, dass sich am Wetter wohl nichts ändern würde. Unter den Vordächern der Stände traf man sich trotzdem und in den Gruppenräumen setzte enge Gemütlichkeit ein. Das Fest war ganz eindeutig ins Wasser gefallen, hat aber am Ende trotzdem allen gefallen.
Heute aber knechtet mich oft eine neumodische und (zugegeben) praktische Erfindung: die Wetter-App. Vor anstehenden Veranstaltungen, Feiern und Ausflügen ertappe ich mich manchmal stündlich dabei, wie ich auf die Prognose und den Regenradar schaue. Ich werde dann zum Sklaven der prognostizierten Regenwahrscheinlichkeit.
„Nicht mit mir!“, so denke ich dann manchmal und stelle die App einfach für eine Weile ab. Am Wetter kann ich ohnehin nichts ändern und ich brauche in dem Moment eigentlich meine Energie für andere Dinge ... für eine gute Zeit, trotz des Regens!
Vielleicht probieren Sie es auch mal, wenn es Ihnen ähnlich geht. Gehen Sie einfach auf die App-Einstellungen in Ihrem Handy und schalten Sie das nervige Orakel stumm.

DAS ENDE DER SAISON

# HERBST

Novembertage und Sonntagsausflüge sind ja so eine Sache. Wer plant bei dem Schmuddelwetter schon langfristig? In den Fußgängerzonen und vor den Biergärten steht jetzt in manchem Schaukasten: „Die Saison ist beendet!" Selbst die Gastwirte erwarten nun also keine Massen an Sonntagsausflüglern mehr. Novemberstimmung.
Ich gehe durch die im Sommer oft überfüllte Hauptstraße. Da, wo sich sonst Spaziergänger dicht an dicht drängen, bin ich nun fast allein. Das ist zunächst befremdlich, ungewohnt, fast etwas gespenstisch. Irgendwann aber kommt alljährlich die Erkenntnis: „Das hat aber auch was!" Dann muss ich immer an ein Lied von Reinhard Mey denken, in dem es heißt:

**„Wie all diese Geräusche deutlicher und lauter scheinen,**
**Wenn erst die lauten Stimmen der Saison verklungen sind! (...)**
**Ich liebe das Ende der Saison!"**

Ich mag die Nach- und Nebensaisonzeiten sehr. Sie geben mir die Möglichkeit, einen anderen Blick auf meine Alltäglichkeiten zu werfen. Sie ermöglichen mir einen Luxus, der in den betriebsamen Zeiten oft unmöglich ist. Gott hat übrigens immer Saison und stellt seinen Service auch in der Nebensaison nicht ein!

## Zum Weiterdenken

Wie gehen Sie persönlich mit dem „Ende der Saison" um? Plötzlich drückt der Kalender den „Aus"-Knopf und schaltet vom goldenen Herbst auf schmuddeligen Winter um. Das bedeutet nicht selten auch, dass eine Entschleunigung eintritt. Unser Leben verlangsamt sich, wechselt vielleicht sogar in den Leerlauf. Oft ist dies ein vorübergehendes Phänomen. Wenn wir älter werden, kann es jedoch sein, dass die Verlangsamung unser ständiger Begleiter wird. Anzuerkennen, dass es Herbst geworden ist – ob für den Moment oder auf unserer Lebensuhr –, das ist vielleicht die größte Aufgabe, der wir Menschen uns zu stellen haben. Wir sind eingeladen, uns in jedem kalendarischen Herbst ein wenig darin zu üben. Rainer Maria Rilke hat in seinem Gedicht „Herbsttag" eine gute Einschätzung dieser Ausgangslage skizziert:

**Herr: es ist Zeit. Der Sommer war sehr groß.**
**Leg deinen Schatten auf die Sonnenuhren,**
**und auf den Fluren lass die Winde los.**

**Befiehl den letzten Früchten voll zu sein;**
**Gib ihnen noch zwei südlichere Tage,**
**Dränge sie zur Vollendung hin und jage**
**Die letzte Süße in den schweren Wein.**

**Wer jetzt kein Haus hat, baut sich keines mehr.**
**Wer jetzt allein ist, wird es lange bleiben,**
**Wird wachen, lesen, lange Briefe schreiben**
**Und wird in den Alleen hin und her**
**Unruhig wandern, wenn die Blätter treiben.**

*Rainer Maria Rilke*

## Zum Weiterleben

„Es ist Zeit." Herbstlich denken und leben bedeutet nicht, dass man in Depressionen verfällt. Es bietet mehr Chancen als Risiken. Es bietet mehr Potenzial, als dass es eingrenzt. Herbstlich denken und leben eröffnet Horizonte und Perspektiven.
Halten wir inne und schauen wir zurück. Lassen wir die Bilder auf uns wirken. Genießen wir die Ruhe. Wagen wir dann aber auch einen Blick nach vorn – der nächste Frühling kommt bestimmt!

### Einübung in herbstliches Rückblicken

**Was war?**
**Wessen erinnere ich mich gerne?**
**Was war mein letzter „Sommermoment"?**
**Was kann ich gut lassen?**
**Was lasse ich ungern?**

**Was soll der neue Frühling für mich bringen?**
**Was sind meine Sommerträume der Zukunft?**

**Und nun:**
**Gönnen wir uns eine gute Zeit!**
**Suchen wir uns ein gutes Buch,**
**trinken wir einen vollmundigen Wein,**
**genießen wir eine gute Schokolade.**

**Es ist Zeit!**
**Der Sommer war sehr groß!**
**Genießen wir es!**

EINFACH MAL SO DASITZEN

# WINTER

In aller Betriebsamkeit und Unruhe unseres Alltags ist es fast schon exotisch, wenn jemand bekennt: „Ich mache gerne mal nichts!" In Familie, Beruf und Freizeit ist heute alles durchgetaktet, nach dem Motto: „Wer rastet, der rostet!" Bloß nicht anhalten! Bloß nicht innehalten! Bloß nicht Atem holen!

Im Winter jedoch hat man Zeit zum Müßiggang, so sollte man meinen. Draußen ist es dermaßen kalt und nass, dass man nicht das Gefühl hat, etwas zu verpassen. Vieles geht langsamer und eine gewisse Grundgemütlichkeit setzt ein. Ich lasse mich davon gerne anstecken. Ich mache es mir im Sessel gemütlich. Ich sortiere keine Rechnungen. Ich plane keine neuen Konzepte für meine Arbeit. Ich mache mir keine Gedanken um die nächsten Freizeitaktivitäten. Ich überlege nicht, wohin im nächsten Sommerurlaub die Reise gehen könnte.

Diese Zeit ist zweckfrei, aber nicht sinnlos. Solche Zeiten des Nichtstuns und Nichtsdenkens sollte man eigentlich regelmäßig und viel öfter für sich einplanen.

Der Winter liefert mir alljährlich das richtige Ambiente für solche „Nichtstun-Experimente". Ich gönne sie mir! Auch wenn ich mich im Frühjahr immer wieder über ein paar Kilos Winterspeck ärgere ... das ist es mir wert! Ich sitze auch weiterhin ab und an einfach nur so da!

## Zum Weiterdenken

Der Winter ist die Zeit, in der wir uns gern in wärmende Decken einhüllen, gegen die Kälte im Raum. Die Winterzeit ist aber auch im übertragenen Sinne die Zeit, um sich aufeinander zuzubewegen, sich liebevoll zu begegnen und sich gemeinsam einzuhüllen.

**Wäre meine Liebe**
**wie Wolle**
**ich würde**
**sie vorsichtig**
**mit meinen Fingern**
**streicheln**
**und spinnen**
**zu langen Fäden**
**die uns verbinden**
**weich und stark.**

**Wäre meine Liebe**
**wie lange Fäden**
**ich würde sie spannen**
**von mir**
**zu dir**
**und weben**
**zu einem Netz**
**das hält**
**wenn wir springen**
**und aushält**
**wenn wir fallen.**

**Wäre meine Liebe**
**wie ein Netz**
**ich würde es waschen**
**mit meinen Tränen**
**und trocknen**
**mit meinem Lachen**
**es walken**
**mit all meiner Kraft**
**zu einer Decke**
**die uns wärmt**
**in kalten Liebes-Nächten.**

**Wäre meine Liebe**
**wie eine Decke**
**ich würde**
**sie schneiden**
**und nähen**
**zu einem Mantel**
**mit langen Ärmeln**
**die dich umarmen**
**wenn ich es**
**nicht mehr kann.**

*Lucia Traut*

## Zum Weiterleben

Sommerpläne sind stets in aller Munde. Fast jeder überlegt, wo es im nächsten Sommer im Urlaub hingehen soll. Auch die nächsten Gartenprojekte werden im Winter bereits geplant: ein Pool, ein neues Beet, Rollrasen.
Ich möchte ermutigen: Planen wir doch auch mal in den geschäftigen Sommermonaten den Winter. Planen wir das Nichtstun. Aus ihm kann viel werden!

Nur durch den Winter
wird der Lenz erzwungen.

*Gottfried Keller*

RÜCKSCHAU UND ZUKUNFTSMUSIK

# ZWISCHEN DEN JAHREN

„Erzähl doch keine Geschichten!“, schimpfen wir, unsere Mitmenschen ermahnend, bei der Wirklichkeit zu bleiben und unsere Zeit nicht mit Flunkereien, Fantasien oder sonstigen Abschweifungen von der Realität zu vergeuden.
„Oooch, diese olle Kamellen!“, stöhnen wir, wenn unsere Eltern mal wieder etwas erzählen, das wir gefühlt schon tausend Mal gehört haben, und wir ihren Geschichten nichts überraschend Neues mehr zutrauen.
„Das ist doch Zukunftsmusik“, seufzen wir, wenn unser Nächster es wagt, zu träumen. Und wir verschließen die Ohren und wollen nicht lauschen auf die Klänge, die in der Zukunft gespielt werden, die in unsere Gegenwart hineinhallen.

Doch! Wann, wenn nicht jetzt? Jetzt, wo uns die Witterung zwingt, eher in den Wohnungen und Häusern zu bleiben. Jetzt, wo sich das Jahr dem Ende entgegenneigt. Jetzt, wo uns vielleicht die Kälte und das Graue stimmungsmäßig eher herunterziehen. Die Zeit zwischen Weihnachten und Neujahr bezeichnet man mancherorts als „zwischen den Jahren“. Das alte Jahr ist noch nicht vorbei, das neue Jahr hat noch nicht begonnen. „Erzähl doch keine Geschichten!“ – Doch! Gerade jetzt ist Zeit und Muße für alte Geschichten und neue Träume.

## Zum Weiterdenken

Sie möchten die Zeit zwischen den Jahren doch nutzen, um Pläne fürs kommende Jahr zu machen? Stellen Sie sich doch einmal die Frage, die der Schriftsteller und Kabarettist Joachim Ringelnatz einst aufgeworfen hat:

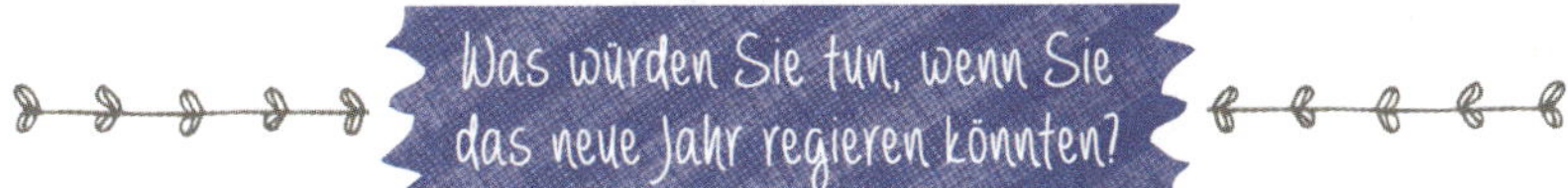


**Ich würde vor Aufregung wahrscheinlich**
**Die ersten Nächte schlaflos verbringen**
**Und darauf tagelang ängstlich und kleinlich**
**Ganz dumme, selbstsüchtige Pläne schwingen.**

**Dann – hoffentlich – aber laut lachen**
**Und endlich den lieben Gott abends leise**
**Bitten, doch wieder nach seiner Weise**
**Das neue Jahr göttlich selber zu machen.**

*Joachim Ringelnatz*

## Zum Weiterleben

Wenn sich das Jahr dem Ende zuneigt, fragen sich viele von uns: „Wo ist bloß die Zeit geblieben?" Das Jahr scheint im Nu vorbeigerauscht zu sein. Der Ausspruch löst manchmal ein ungutes Gefühl aus, denn er erinnert uns an unsere Endlichkeit, konfrontiert uns mit unserer eigenen Vergänglichkeit. Doch umso kostbarer wird der Moment. Nehmen wir uns die Zeit, den Augenblick ganz bewusst zu genießen: die gute Tasse Tee, den Ausblick aus dem Fenster auf die winterliche, schlafende Natur, das Zusammensein mit der Familie, den warmen Schein einer Kerze, das gute Buch oder den Film, über den man zugleich lachen und weinen kann.

„Januar, Februar, März, April … die Jahresuhr steht niemals still …", höre ich hier und da die Kinder singen. Und es stimmt: Wir können die Zeit nicht anhalten.
Vielleicht lehrt uns jede Jahreszeit eine Mischung aus Achtsamkeit und Dankbarkeit. Das wäre eine Chance, dem Alltagstrott zu entkommen. Das wäre die Chance, das Leben voller Freude zu kosten.

Du bist plötzlich kein Getriebener der Zeit mehr, sondern die Zeit treibt dich an zu Wunderbarem.

Das Leben leicht tragen
und tief genießen
ist ja doch die Summe
aller Weisheit.

*Wilhelm von Humboldt*

## Die lieben Gewohnheiten

Wir Menschen sind Gewohnheitstiere, so sagt man. Was das bedeutet? Wir brauchen Rituale, wiederkehrende Momente und Gewohnheiten. Sie tun uns gut, damit wir uns in der Unübersichtlichkeit unseres Lebens, in den sich immer schneller ändernden Zeiten nicht selber verlieren. „Und täglich grüßt das Murmeltier", so sagen viele Zeitgenossen dann spöttelnd. Ja! Das stimmt. Und ich grüße dann gern zurück ... ich, das Gewohnheitstier.

# Fixpunkte im Alltag

## KLEINE RITUALE

IM HAMSTERRAD

# DAS MONTAGSGEFÜHL

... und wieder ist es Montag. Wenn die Woche beginnt, der Alltag zurück ist, beschleicht mich regelmäßig dieses „Montagsgefühl“. Ich habe das Gefühl, im Hamsterrad der immer gleichen Abläufe und Pflichten der Woche gefangen zu sein.

Vielleicht kennen Sie Phileas Fogg, den Protagonisten des Romans „In 80 Tagen um die Welt“ von Jules Verne. Fogg ist eigentlich ein Opfer seiner eigenen Ansprüche. Er ist ein „Pingel“. Enge Zeitfenster und immer gleiche Abläufe und Rituale bestimmen seine Tage, seine Wochen, sein Leben. Was nicht in seinen Plan passt, darf einfach nicht sein. Dieses fast zwanghafte Leben scheint für ihn zu funktionieren, bis er sich an einem Clubabend im Kreise seiner Freunde auf ein völlig verrücktes Abenteuer einlässt. Er wettet um 20 000 Pfund Sterling, dass es ihm gelingen werde, in 80 Tagen um die Welt zu reisen. Noch am selben Abend bricht er mit seinem Diener Passepartout auf. Mit dem Zug fahren sie über Paris nach Brindisi, wo sie ein Dampfschiff nach Bombay besteigen. In einem Reisesack hat er 20.000 Pfund Sterling dabei, die Hälfte seines Vermögens. Was für ein Wagnis! Vor allem für jemanden, der sonst nichts dem Zufall überlassen hat. Aber seine Clubfreunde scheinen ihn bei der Ehre

gepackt zu haben. Phileas Fogg überwindet seine Vorbehalte gegenüber dem Ungeplanten und Unvorhergesehenen. Er bricht auf, die Welt zu umrunden.
Übrigens: Christen sind Aufbrechende, oder sie sollten es zumindest sein. Im Lukasevangelium predigt Jesus: „Nehmt nichts mit auf den Weg: weder Stab noch Tasche noch Brot noch Geld!" Puh, denke ich bei mir und überprüfe hier und da am Montag, wo meine Lebensgewohnheiten mehr Spontaneität erfordern würden. Ich brauche diese Überlegungen gerade dann, wenn der „Montagsblues" wieder zuschlägt – und vielleicht können gute Gespräche unter Freunden dabei helfen.
Übrigens: Phileas Fogg hat seine Wette bekanntlich gewonnen.

## Zum Weiterdenken

Phileas Fogg hat, so erzählt es Jules Verne in „In 80 Tagen um die Welt", den „inneren Schweinehund" überwunden. Nur so wurden für ihn diese unglaublichen und aufregenden Erfahrungen überhaupt erst möglich. Ich selber erwische mich allzu oft dabei, meine „Bequemlichkeits-Sicherheits-Strategie" zu verfolgen. Damit läuft alles wie gewohnt, aber es gibt eben auch keine Überraschungen. Nicht nur an Montagen kann es hilfreich sein, einmal auf die großen Namen zu schauen und darauf, wie sie den „inneren Schweinehund" identifiziert und überwunden haben. Papst Johannes XXIII. ist einer dieser Menschen, die ich sehr bewundere. Ich habe ihn zwar nie zu Lebzeiten erlebt, aber seine Art, Neues anzupacken, fasziniert mich.

Er schrieb einmal Folgendes:

1. Nur für heute werde ich mich bemühen, den Tag zu erleben, ohne das Problem meines Lebens auf einmal lösen zu wollen.

2. Nur für heute werde ich die größte Sorge für mein Auftreten pflegen. Ich werde niemanden kritisieren, ja, ich werde nicht danach streben, die anderen zu korrigieren oder zu verbessern. Nur mich selbst.

3. Nur für heute werde ich in der Gewissheit glücklich sein, dass ich für das Glück geschaffen bin. Nicht nur für die andere, sondern auch für diese Welt.

4. Nur für heute werde ich mich an die Umstände anpassen, ohne zu verlangen, dass sich die Umstände an mich und meine Wünsche anpassen.

5. Nur für heute werde ich zehn Minuten meiner Zeit einer guten Lektüre widmen. Wie die Nahrung für das Leben des Leibes wichtig ist, so ist die Lektüre notwendig für das Leben der Seele.

6. Nur für heute werde ich eine gute Tat vollbringen. Und ich werde es niemandem erzählen.

7. Nur für heute werde ich etwas tun, wozu ich keine Lust habe es zu tun. Sollte ich mich in meinen Gedanken beleidigt fühlen, werde ich dafür sorgen, dass niemand es merkt.

8. Nur für heute werde ich ein genaues Programm aufstellen. Vielleicht halte ich mich nicht daran, aber ich werde es aufsetzen. Und ich werde mich vor zwei Übeln hüten: vor der Hetze und vor der Unentschlossenheit.

9. Nur für heute werde ich keine Angst haben. Ganz besonders werde ich keine Angst haben, mich an allem zu freuen, was schön ist, und an die Güte zu glauben.

10. Nur für heute werde ich fest glauben – selbst, wenn die Umstände das Gegenteil zeigen sollten –, dass die gütige Vorsehung Gottes sich um mich kümmert, als gäbe es sonst niemanden auf der Welt.

*Papst Johannes XXIII.*

## Zum Weiterleben

Versuchen wir doch einmal, unseren „inneren Schweinehund" zu identifizieren. Vielleicht können wir ihn dann leichter überwinden. Fragen wie diese können dabei helfen:

**Was blockiert mich?**
**Was hält mich gefangen?**
**Was lässt mich ängstlich sein?**

**Aber auch:**
**Was möchte ich eigentlich verwirklichen?**
**Was lockt mich?**
**Was möchte ich wagen und probieren?**
**Womit kann ich gleich heute beginnen?**

# SONNTAGSFRÜHSTÜCK

Zu einem Sonntagsfrühstück gehört für mich seit Kindertagen ein Ei. Ich mag es am liebsten weichgekocht: das Eiweiß komplett gestockt und das Eigelb möglichst flüssig.

Als leidenschaftlicher Fan des Humor-Großmeisters Loriot muss ich allerdings gestehen, dass ich kein Ei köpfen kann, ohne an seinen Sketch von Berta und Hermann zu denken. Es ist einfach wunderbar, diesen Dialogen der Knollenmännchen zuzuhören. Loriot schafft es wie kaum ein anderer, uns unsere eigenen Verhaltensweisen und Macken vorzuhalten – in den alltäglichsten Situationen. Bei Hermann und Berta entzündet sich ein Streit am Frühstücksei. Hermann scheint es da genau wie ich zu halten: Nur ein weiches Ei ist für ihn das ideale Ei. Da macht er keine Kompromisse.

Das Thema des Streits ist eigentlich total banal: ein zu hartes Ei – überflüssiger geht's nicht. Wir amüsieren uns köstlich beim Zuhören. Aber Hand aufs Herz: Ich erkenne mich in Loriots Dialogen schon hier und da wieder. Gerade beim gemeinsamen Essen hat man ja oft Zeit, sich auszutauschen über das, wozu in der Fülle der täglichen Aufgaben wenig Zeit bleibt. Da kann oft ein Reizwort genügen – und schon ergibt ein Wort das andere. Schnell entsteht dann aus einer banalen Nebensächlichkeit ein Streit und die Harmonie des gemütlichen Frühstücks ist dahin. Zoff am Tisch kann wirklich

keiner gebrauchen, und an einem Sonntag schon gar nicht. Aber es ist eben allzu menschlich.
Ich fange bei mir an. Spitze Bemerkungen vermeiden und mich ein wenig am Riemen reißen – das kann ich schon am nächsten Sonntag am Frühstückstisch trainieren.

## Zum Weiterdenken

Frühstücksei und Frieden stehen durchaus in einem Zusammenhang. Das Frühstücksei steht doch wie keine andere Zutat des Frühstückstisches für Harmonie, ein gutes Miteinander und eine Mahlgemeinschaft. Doch immer da, wo wir Frieden mit oberflächlicher Friedlichkeit verwechseln, kommt es leicht zu Missstimmungen und Irritationen, zu Kränkungen und Verletzungen. Dabei fängt, wie Hanns Dieter Hüsch einmal sagte, der Frieden ja beim Frühstück an und muss sich von dort aus bewähren.

## Frieden fängt beim Frühstück an

**Breitet seine Flügel**
**Fliegt dann durch die Straßen**
**Setzt sich auf die Dächer dann**
**Großer Sehnsuchtsvogel**
**Breitet seine Flügel aus**
**Dass Friede sei in jedem Haus**
**Opa wiegt das Enkelkind**
**Auf den alten Knien**
**Zeigt dem Kind den Vogelflug**
**der Knecht den Herrn ertrug**

Und der Vogel fliegt sich wund
Von Bucht zu Bucht
Von Sund zu Sund
Trägt sein Zeichen vor sich her
Von Land zu Land
Von Meer zu Meer
Dass der Mensch sein Leid erkennt
Von Kontinent zu Kontinent
Bis die Taube nicht mehr kann:
Frieden fängt beim Frühstück an.

*Hanns Dieter Hüsch*

## Zum Weiterleben

Auch, wenn morgen kein Sonntag ist.
Auch, wenn du dir sonst kein Frühstücksei kochst.
Auch, wenn du vielleicht morgens eigentlich gar keine Zeit hast.

Koch dir doch morgen mal ein Ei zum Frühstück.
Dir, deinen Lieben, deiner Familie, deinen Freunden und Kollegen.

Es ist doch sicher nicht alles „das Gelbe vom Ei", oder?
Vieles könnte besser, friedlicher, harmonischer laufen.
Also: Ran an den Eierkocher!

SCHLECHTE UND GUTE NACHRICHTEN

# ZEITUNG LESEN

Das allmorgendliche Lesen der Tageszeitung gehört bei vielen Menschen einfach zum Start in den Tag dazu. Oder soll ich besser sagen: gehörte? In Zeiten von Internet, von News-Apps auf Tablets und Smartphones beklagen die großen Zeitungsverlage einen stetigen Rückgang der Auflagen. Es ist ja auch wirklich oft praktischer und einfacher, seine Nachrichten über andere Kanäle zu empfangen. Wir sagen einfach „Ok Google" in unser Smartphone und schon liefert die App nach unseren speziellen Wünschen alle erdenklichen Informationen und Nachrichten.
Dennoch lobe ich mir die Entschleunigung, die mir meine Tageszeitung liefert. Einerseits nervt mich manchmal das große, unhandliche Format der Zeitungsseiten. Es nötigt mich aber andererseits dazu, mit Sorgfalt und Ruhe ans Werk zu gehen. Ich mache mir eine gute Tasse Kaffee oder Tee, setze mich hin, breite die Zeitung aus

und lasse mich von den Überschriften und Fotos für Themen interessieren, von denen ich vorher gar nicht wusste. Die Mischung macht's: Neben dem aktuellen tagespolitischen Geschäft werden in jeder Ausgabe auch kulturelle und gesellschaftsrelevante Themen behandelt. Das hält mich davon ab, zu einseitig und zu emotional auf die aktuelle Zeit zu sehen. Es ist eben nicht nur der Weltwirtschaftsgipfel, der unser Leben ausmacht, sondern auch die neue Aufnahme der Wiener Symphoniker. Es ist (Gott sei Dank) nicht nur der aktuelle Stand der internationalen Kriege und Krisen, sondern auch das Portrait eines Friedenskämpfers in der sächsischen Prärie. Die Welt ist immer ein kleines bisschen größer, als wir sie uns vorstellen können ... Die Tageszeitung macht es nicht alles gut, aber sie weitet den Blick. Bestenfalls an jedem Morgen!

**Es müsste Zeitungen geben,**
**die immer das mitteilen,**
**was nicht ist:**
**Keine Cholera!**
**Kein Krieg!**
**Keine Revolution!**
**Keine Missernte!**

**Die tägliche Freude**
**über die Abwesenheit großer Übel**
**würde zweifellos**
**die Menschen fröhlicher machen.**

*Christian Morgenstern*

## Zum Weiterleben

Es ist gut und richtig, wenn die Presse über Missstände, Kriege, Konflikte und Katastrophen berichtet. Sie gibt es und es ist wichtig, davon zu wissen. Wir sind weltweit füreinander verantwortlich und als Kinder dieser Welt aufeinander verwiesen. Es macht selbstverständlich keinen Sinn, wenn man die rosarote Brille aufsetzt und an den Fakten vorbeisieht. Eine Zeitung, die nur positive Nachrichten brächte, nähme unsere Welt nicht ernst und schon gar nicht die Schicksale der Betroffenen.

Aber wir sind trotzdem quasi Redakteure unserer eigenen Pressestelle. Wir entscheiden über die Ausgewogenheit dessen, was wir lesen, weitererzählen und zum Thema machen. Da tut es dann gut, wenn auch die ein oder andere positive Nachricht dabei ist. Genau deshalb ist es wichtig, neben dem Politikteil und den Traueranzeigen auch den Kulturteil, die Geburtsanzeigen und die kleinen guten Nachrichten aus dem eigenen Stadtteil zu lesen. Wenn die Zeitung gelesen ist, ist Gelegenheit, sich ein eigenes Bild von dem zu machen, was für einen gerade wirklich wichtig ist. Dazu mein Tipp: Ab und zu tut es gut, eine persönliche Redaktionssitzung einzuberufen. Das sollte jeder für sich allein tun!

ERMITTELN UND ÜBERFÜHREN

# „TATORT" SEHEN

Schauen Sie eigentlich den „Tatort“? Tun Sie es regelmäßig und jeden Sonntag? Haben Sie einen Lieblingsermittler? Ich gehöre, ehrlich gesagt, nicht zu den eingefleischten Fans. Hier und da sehe ich mir den sonntäglichen Krimi allerdings gerne an.

Warum zieht diese Kriminalserie Woche für Woche und Jahr für Jahr Millionen Menschen am Fernseher in ihren Bann? In einigen Städten gibt es sogar sogenannte „Tatort-Kneipen“, in denen man sich zum „Rudelgucken“ trifft. Eigentlich geht es doch um Mord und Totschlag und man schaut jede Woche wieder in die Abgründe der menschlichen Seele!

Vielleicht ist es gerade das. Seit Menschengedenken haben wir eine gewisse Grundneugierde in uns, bei großen Katastrophen Zeuge sein, die Nase vorn haben zu wollen. Ich meine, dass wir im „Tatort“ erkennen können, dass der Mensch dem Menschen ein Wolf sein kann. Unterbewusst, so denke ich, wiegt man sich dann in Sicherheit: „Bei mir kann das ja Gott sei Dank nie passieren!“

Vielleicht kennen Sie aber auch den „Tatort"-Kater? Nach manchen Folgen bleibt man unangenehm berührt zurück. Eine merkwürdige Mischung aus einem tiefen Anrühren und vielleicht auch einem Stück Verletzung macht einen betroffen.
Und trotzdem schaltet man meistens am kommenden Sonntag wieder ein. Ich glaube, ich schaue den „Tatort", weil es mir gefällt, wenn die Fälle sich lösen. Ich mag es, wenn am Ende der Knoten platzt, das Erkennen Einzug hält und einem auf einmal alles glasklar erscheint.
In meinem Leben gibt es übrigens auch den ein oder anderen Tatort. Dieser ist zwar nie strafrechtlich relevant. Es tut aber immer wieder gut, auch diese Fälle für mich zu lösen. Nicht nur sonntags und nicht nur um 20.15 Uhr.

## Zum Weiterdenken

**Manchmal, zur besten Sendezeit,**
**mitten in meinem Leben,**
**mitten im Alltag**
**werde ich unterbrochen,**
**muss ich mich unterbrechen lassen,**
**wird in mir und von mir ein Tatort entdeckt.**

**Ich sperre ihn erst mal großzügig ab.**
**Lasse niemanden heran, der nicht autorisiert ist.**
**Schirme die Öffentlichkeit ab.**

**Dann können die Ermittlungen beginnen.**
**In mir. Mit mir.**
**Ich bin der beste Kommissar meiner Seele.**

Am Ende habe ich den Täter in mir noch jedes Mal gestellt.
Habe ihn überführt.
Ihm den Prozess gemacht.
Ihn verurteilt.
Ihm Platzverbot erteilt.

Manche dieser Fälle sind ganz schön kniffelig.
Ich habe einige Strategien in mir entwickelt,
mich selbst hinters Licht zu führen.
Am Ende sitze ich aber da,
das Licht der Verhörlampe leuchtet mir in die Augen,
Auge in Auge mit Gott.

Und ich bekomme es zaghaft über die Lippen:
„Ich gestehe.“

Und dann: Wird alles gut!

## Zum Weiterleben

Haben Sie selbst einen Tatort in sich entdeckt? Dann beginnen Sie doch mal mit den Ermittlungen! Stellen Sie sich unbequeme Fragen, aber behalten Sie dabei die oberste Maxime im Blick: die Liebe zu sich selbst.

- Welchen Tatbestand können Sie entdecken?
- Sind Menschen zu Schaden gekommen?
- In welchem Zeitraum ist die Tat geschehen?
- Was waren die Motive?
- Gibt es Chancen zur Wiedergutmachung?
- Gibt es eine Strategie, um eine Wiederholungstat zu vermeiden?

MIT DER BIBEL IN DER NÄHE

# NACHRICHTEN SCHAUEN

Das musikalische Erkennungsmerkmal ist mir seit Kindertagen vertraut. Sowohl um 19 Uhr als auch um 20 Uhr beginnen die Nachrichtensendungen der beiden großen öffentlich-rechtlichen TV-Sender mit einer signifikanten Melodie. Was dann folgt, sind die aktuellen Nachrichten. Da diese mit dem wichtigsten Thema beginnen, ist auch klar, dass einen direkt zu Beginn meistens wenig Erfreuliches erwartet. „Hier ist das Erste Deutsche Fernsehen mit der Tagesschau“, höre ich und bin mitten drin in den Kriegsgebieten der Welt. Das Fernsehen liefert mir zerbombte Städte, aggressive Staatsoberhäupter, rechts- oder linksradikale Anschauungen und Thesen direkt ins heimische Wohnzimmer. Es hat schon etwas Verstörendes: Ich sitze da in meinem Wohlstandszimmer, ein Kaltgetränk auf dem Tisch und die Füße auf dem Hocker. Zugleich werde ich Zeuge von großen und mittelgroßen Katastrophen, bekomme von Tod und Zerstörung berichtet.

Doch ganz gleich, wie dramatisch die Nachrichten des Tages auch waren, am Ende heißt es immer: „Und nun der Wetterbericht.“ – „Es interessiert mich nicht, Leute“, so denke ich bei mir. „Ich muss erst mal verdauen, was ihr mir grade vor den Latz geknallt habt!“ Das alles ist also Teil meiner Lebenswirklichkeit? Ja, das alles gibt es, während es andererseits auch meine Sicherheit und meinen Wohlstand, meine Zufriedenheit und meine Gesundheit gibt.

Die Bibel zeigt eine andere Dimension auf und zeichnet die Vision von einer Welt, die erfüllt von Gott und seinem Reich sein könnte. Ohne die Erdung durch die Wirklichkeit bleibt das jedoch fromme Utopie und „Heile-Welt-Träumerei". Beides zusammen aber könnte sich ergänzen. Die Bibel auf dem Couchtisch könnte uns den Hinweis geben, dass die Wirklichkeit nicht das Einzige ist. Sie ermutigt uns zum Perspektivwechsel. Auch ermutigt sie zur Prüfung: An welchen Missständen kann ich vielleicht etwas ändern? Wo lege ich zu sehr die Hände in den Schoß? Wo muss ich Stellung beziehen und mutig meine Meinung sagen?

## Zum Weiterdenken

Ratlosigkeit stellt sich ein. Das Wetter soll ja ganz manierlich werden. Aber, was war das denn bitte? Unzählige Informationen über Krisen, Streit, Konflikte, Tote und Verletzte. Wer ist im Recht und wer im Unrecht? Was ist die richtige Lösung des Konflikts? Was dient dem Frieden und der Versöhnung?

Keine einfache Entscheidung. Auch Jesus stellte das einmal fest. Ich nehme an, dass es auch zu Jesu Zeiten keine „einfachen Lösungen" gab. Aber die kritische Anfrage aus seinem Mund gilt noch heute. Nicht, dass ich eine Antwort wüsste! Trotzdem ist es gut, sich immer wieder hinterfragen zu lassen.

Außerdem sagte Jesus zu der Volksmenge:

Wenn ihr im Westen eine Wolke aufsteigen seht,
sagt ihr sofort: Es gibt Regen.

Und so geschieht es.

Und wenn der Südwind weht, sagt ihr:
Es wird heiß. Und es geschieht.

Ihr Heuchler!

Das Aussehen der Erde und des Himmels
wisst ihr zu deuten.

Warum könnt ihr dann diese Zeit
der Entscheidung nicht deuten?

Warum findet ihr nicht schon von selbst
das rechte Urteil?

*Lukas 12,54–57*

## Zum Weiterleben

Auch wenn das Internet-Fernsehen auf dem Vormarsch ist, gibt es in vielen Familien nach wie vor die Tradition, den Fernsehabend gemeinsam mit den Nachrichten zu beginnen. Selbst wenn der Fernseher nicht für den Rest des Abends an bleibt, trifft man sich zumindest für die Nachrichten. Das gibt dem Abend Struktur und ist so etwas wie ein Ritual. Man könnte dieses Ritual gelegentlich ausweiten und mit den unterschiedlichsten Leuten eine Verabredung zum gemeinsamen Nachrichtenschauen treffen. Im Anschluss tauscht man sich dann über das Gesehene aus. Im Gespräch kommt man vielleicht manchen Themen besser auf die Spur, als man es allein könnte. Vielleicht ist man auch überrascht, welch kluge Gedanken sich die Freundin macht, mit der man bisher überwiegend über leichtere Themen gesprochen hat. Haben Sie schon eine Idee, wen Sie zum Nachrichtenabend einladen wollen?

# QUELLENNACHWEIS

*Texte:* S. 14, 23f., 25, 110, 134: © Lucia Traut; S. 30, 35f., 62, 67, 121, 158: Einheitsübersetzung der Heiligen Schrift, vollständig durchgesehene und überarbeitete Ausgabe, © 2016 Katholische Bibelgesellschaft, Stuttgart; S. 45: aus: Mascha Kaléko, In meinen Träumen läutet es Sturm, © 1977 dtv Verlagsgesellschaft mbH & Co. KG, München; S. 54: aus: Bastian Rütten, Kevelaerer Marienfestspiel „MENSCH! MARIA!"; S. 64: aus: Papst Franziskus, Enzyklika Laudato si, © Libreria Editrice Vaticana; S. 67: Hanns Dieter Hüsch, Ich bin vergnügt (Psalm) – Auszug aus: Hanns Dieter Hüsch / Uwe Seidel, Ich stehe unter Gottes Schutz, S. 140, 2016/15, © 1996 tvd-Verlag Düsseldorf S. 74f.: aus: Carola Moosbach, Lobet die Eine. Schweige- und Schreigebete, Matthias-Grünewald-Verlag, Mainz 2000, © bei der Autorin; S. 82 aus: Dorothee Sölle, Gegenwind. Erinnerungen, Hoffmann und Campe Verlag, Hamburg 1995, © Fulbert Steffensky; S. 112f. aus: Mascha Kaléko, Die paar leuchtenden Jahre, © 2003 dtv Verlagsgesellschaft mbH & Co. KG, München; S. 128: aus: Fernando Pessoa, Der Hüter der Herden XXI. In: Alberto Caeiro, Poesia – Poesie. Hrsg. v. Fernando Cabral Martins und Richard Zenith. Aus dem Portugiesischen übertragen von Inés Koebel und Georg Rudolf Lind, © 2008 S. Fischer Verlag GmbH, Frankfurt am Main; S. 147f.: Hanns Dieter Hüsch, Frieden fängt beim Frühstück an, aus: Hanns Dieter Hüsch, Das Schwere leicht gesagt, S. 21, 1997/4, © 1991 tvd-Verlag Düsseldorf

*Abbildungen:* Cover: © 75tiks – shutterstock.com (Blätter), svetolkunova – depositphotos.com (Fläche), e2Press – shutterstock.com (Fische); Sonne: © magicmary – stock.adobe.com; Gingkoblatt: © Le panda – shutterstock.com; S. 4 o., 12, 13, 14: © romantsubin – stock.adobe.com; S. 5, 76: © ivonnewierink – depositphotos.com; S. 6 o., 86: © IgorTishenko – depositphotos.com; S. 6/7 u.: © anyaberkut – stock.adobe.com; S. 7 o., 124: © Jürgen Fälchle – stock.adobe.com; S. 9: © stock.adobe.com; S. 10–11: © imaginando – stock.adobe.com; S. 16: © Kateryna – stock.adobe.com; S. 19: © magicmary – stock.adobe.com; S. 21: © jfunk – stock.adobe.com; S. 22: © iweta0077 – stock.adobe.com; S. 23: © yossarian6 – stock.adobe.com; S. 24: © Jacoz – stock.adobe.com; S. 26: © Masson – stock.adobe.com; S. 28, 157: © file404 – depositphotos.com; S. 29: © Laura Pashkevich – stock.adobe.com; S. 32: © Kirill_makarov – stock.adobe.com; S. 35: © dtaeubert – photocase.de; S. 38–39: © Bernd S. – stock.adobe.com; S. 40, 42: © TabitaZn – depositphotos.com; S. 43: © photomaru – depositphotos.com; S. 46: © Barbara-Maria Damrau – stock.adobe.com; S. 47: © scerpica – stock.adobe.com; S. 48: © Butch – stock.adobe.com; S. 49: © Phils Photography – stock.adobe.com; S. 50: © aquariagirl1970 – stock.adobe.com; S. 53: © Alexander Hoffmann – stock.adobe.com; S. 54: © Viktoriya Manuilova – stock.adobe.com; S. 56: © vectorguru – stock.adobe.com; S. 58: © Irene Teesalu – stock.adobe.com; S. 59: © PHOTOLOGY1971 – depositphotos.com; S. 61: © Antartis – depositphotos.com; S. 65: © C. Claudia – stock.adobe.com; S. 68–69: © WIC – stock.adobe.com; S. 70: © maram – stock.adobe.com; S. 73: © Jeanette Dietl – stock.adobe.com; S. 79: © Johannes Wiesmann – Pfarrbriefservice.de; S. 81: © BillionPhotos.com – stock.adobe.com; S. 83: © longtaildog – stock.adobe.com; S. 84–85: © agneskantaruk – stock.adobe.com; S. 88: © Magryt – stock.adobe.com; S. 89: © Fiedels – stock.adobe.com; S. 91: © Hans-Jörg Nisch – stock.adobe.com; S. 93: © Worytko Pawel – stock.adobe.com; S. 96–97: © Ogis – stock.adobe.com; S. 98: © Giancarlo Liguori – stock.adobe.com; S. 100: © Julien BASTIDE – stock.adobe.com; S. 102: © reel – stock.adobe.com; S. 103: © SG-design – stock.adobe.com; S. 106: © candy1812 – stocok.adobe.com; S. 109: © Gerhard Seybert – stock.adobe.com; S. 111: © racorn – depositphotos.com; S. 114: © Africa Studio – stock.adobe.com; S. 116: © anyaberkut – stock.adobe.com; S. 118: © Alexandr Makarov – stock.adobe.com; S. 122 – 123: © Reena – stock.adobe.com; S. 127: © Prod. Numérik – stock.adobe.com; S. 130: © felinda – stock.adobe.com; S. 133: © Mikael Damkier – stock.adobe.com; S. 135: © Kotangens – stock.adobe.com; S. 136: © berlin2020 – stock.adobe.com; S. 138: © karandaev – stock.adobe.com; S. 139: © Kudryashka – stock.adobe.com; S. 140–141: © paladin1212 – stock.adobe.com; S. 142: © bgton – stock.adobe.com; S. 146: © ArTo – stock.adobe.com; S. 149: © mitrija – stock.adobe.com; S. 151: © Zerbor – stock.adobe.com; S. 152: © cevahir87 – stock.adobe.com; S. 154–155: © kristina rütten – stock.adobe.com; S. 156: © brat82 – stock.adobe.com; S. 159: © foodlia – stock.adobe.com